Qiangaoyuan

Qiangaoyuan

禅告诉你答案

王岩◎编著

释放心情　轻松感悟

人生智慧经典读物

CHAN GAOSUNI DAAN

中国城市出版社
·北京·

图书在版编目(CIP)数据

禅告诉你答案/王岩编著.—北京:中国城市出版社,2010.7

ISBN 978-7-5074-2329-7

Ⅰ.①禅… Ⅱ.①王… Ⅲ.①禅宗-人生哲学-通俗读物 Ⅳ.①B946.5-49

中国版本图书馆 CIP 数据核字(2010)第152954号

责任编辑	张建军 李青(15810132500 500007LQ@ sina. com)
封面设计	小辉设计
责任技术编辑	张建军
出版发行	中国城市出版社
地址	北京市海淀区太平路甲40号 (邮编 100039)
网址	www. citypress. cn
发行部电话	(010)63454857 63289949
发行部传真	(010)63421417 63400635
发行部信箱	zgcsfx@ sina. com
编辑部电话	(010)52732085 52732055 63421488(Fax)
投稿信箱	city_editor@ sina. com
总编室电话	(010)52732057
总编室信箱	citypress@ sina. com
经销	新华书店
印刷	北京世纪雨田印刷有限公司
字数	235千字 印张 18
开本	787×1094(毫米) 1/16
版次	2010年10月第1版
印次	2010年10月第1次印刷
定价	29.00元

前言

在今天，房奴、卡奴等奴的生活，往往让我们的精神变得沉重而悲伤。是的，虽然在生活上我们不必再像过去那样为吃为穿而担忧，但是我们却很难快乐起来；我们的周围充斥着各种各样简便而快捷的信息，然而我们的心灵却变得更加迷惘。

总之，生活在一个高速发展、物质丰裕的现代社会，我们的心灵却有太多的困惑，工作却有太多的烦闷，生活却有太多的压力。那么，我们究竟应该怎么办，怎样才能找到释放这些困惑和压力的钥匙呢？禅！一种存在于中国社会上千年的智慧也许能够给出一个令人满意的答案。禅，作为中国古代先民探索人生和社会的一种艺术，它和我们的生活联系相当密切，同时隐藏着许多为人处世的人生大智慧。

可以这么说，生活中有了禅，我们的人生往往会变得与众不同，因为禅是藏在我们心中的一把钥匙，它能够告诉我们如何开启岁月长河中和生活道路上的各种难题答案，让我们的人生永远充满着快乐和幸福。

因此，本书并不是一本谈论佛家思想的书，而是将禅的传统文化中的那些崇尚宽容、超脱、视世间万难为无物、不怨天、不尤人、从自然呈本性、处处蕴藏真理的人生道理和智慧以最精短的篇幅，传播最有趣的故事，以最有趣的故事传播最闪光的智慧，以最闪光的智慧传播最真切的快乐……这些内容故事性很强，文笔畅达，生动有趣，且名言警句迭出，俗语熟语常现，真正体现了禅智慧的博大精深和异彩纷呈。

我们在欣赏本书这些故事释放心情、轻松感悟的同时，也会被这些人生智慧和道理所感染。

编　者

2010 年 7 月

目录

CONTENTS

第一章

禅告诉你 明心见性的意境

一些事情的发生，就像饿了要吃饭一样，自然而然；一些问题的解决，就像吃了饭要洗碗一样，理所当然。

第二章
禅告诉你 随缘达观的智慧

随遇而安，随缘自性，才能体会到生活中的真正滋味，达到一种真正的人生境界。

第三章
禅告诉你超然物外的心态

世事悠悠，不如山丘，卧藤萝下，块石枕头；不朝天子，岂羡王侯？生死无虑，更复何忧？

第四章

禅告诉你 宽恕包容的气度

海纳百川，有容乃大。宽容是人类性情的空间，这个空间越广大，我们的性情愈有转折的余地，就愈加不会动肝火、闹情绪，愈加不会纠缠于无谓的小事，而让生命成其大者。

第五章
禅告诉你 广结良缘的德行

拥有了广结良缘的禅德，我们就能做到做人做事心怀善念，走向生命的正途。种善因必得善果，与人为善，人必与你为善。

第六章 禅告诉你知足常乐的快乐

让自己的心情淡泊宁静，在日常生活感觉到拈花微笑般的幸福，使自己的人生充满着满足和舒畅。

第七章 禅告诉你 磨砺忍难的定力

我们每个人活在世上，都需经历许多困苦和磨难，而笑到最后的总是那些心怀大志、奋力拼搏、以忍为力的人。

第八章 禅告诉你 圆融变通的道理

思想不偏执于一隅，行动不固执于一律，灵活自如，能屈能伸，知非取舍皆有法度，前后左右皆有规章，做到言行举止总相宜，洒脱自由地行走于人生之旅途。

第九章 禅告诉你自然恬然的方法

活着累，一小半源于生存，一大半源于攀比。因为世上只有想不通的人，没有走不通的路。

第一章

CHAN
GAOSUNI DAAN

禅告诉你明心见性的意境

领悟了见心明性的禅意，就能充分地觉醒看清自己的本性，接纳自己的本色，不被物欲所牵，依照自己朴实真诚的本性，以一颗没有杂染和宁静的心，体悟到大自然的法则和实相，看清万事万物的实相，不断自我审视、自我洗涤、自我净化，不断完善自我、充实自我、感悟自我，让人生自然自如地绽放生命之花，拥有本真和智慧的人生。

生活就是禅

禅，对朋友来说，只是会心一笑。它是一杯清水，走得累了，请小坐，沉淀一下我们太过于疲惫忙碌的心。

禅就是生活，就是平常心。它不受宗教的束缚，不受阶级的限制，只要你想让自己好过一些，坦然地面对生活，那就让禅心永远陪伴你一生。

生活中处处有禅，能不能领悟，这要看各人的悟性。

有一天，佛陀刚刚用完午餐，一位商人来请求他除惑解疑。佛陀将商人带入一间静室，十分耐心地听商人诉说自己对往事的追悔和对将来的担忧。商人讲完了，佛陀温和地问他："你可吃过午餐？"

商人点头说："已吃过。"

佛陀又问："炊具和餐具都收拾干净了吗？"

商人忙说："是啊，都已收拾干净了。"

佛陀默然不语。

商人急切地问："您怎么问我一些不相关的事呢？请您给我一个正确答案吧！"

佛陀微微一笑，说："你的问题你自己已经回答过了。"

商人带着一脸疑惑离开了。过了几天，他终于领悟了佛陀开示的佛理，来向佛陀致谢。佛陀这才对商人及众弟子说："谁若对昨天追悔烦恼，对明天忧愁妄想，他将成为一棵枯草！"

那么，佛陀向商人开示的佛理是什么呢？一些事情的发生，就像饿了要吃饭一样，自然而然；一些问题的解决，就像吃了饭要洗碗一样，理所当然。只要恬淡地看待自然而然的事，悠闲地解决理所当然的问题，何必对可能之事、解决不了的问题想得太多呢？

还有一个类似的故事：

一天，有源禅师来拜访大珠慧海禅师，问道："和尚，您也用功修道吗？"

大珠慧海回答说："用功！"

"怎样用功呢？"

"饿了就吃饭，困了就睡觉。"

有源禅师不解地问："如果这样就是用功，岂不是所有人都和禅师一样用功了？"

大珠慧海说："当然不一样！一般人吃饭时不好好吃饭，有种种思量；睡觉时不好好睡觉，有千般妄想。我和他们不一样。"

是啊，普通人做任何事总是瞻前顾后，有这样的考虑，那样的担心。打个比方，路上遇到一个领导，该不该打招呼？如果打招呼的话，人家会不会笑我巴结领导？如果不打招呼的话，领导会不会埋怨我不懂礼貌？其实，打个招呼是自然而然的事，想这么多干什么？如果没打招呼，跟领导擦身而过，心里又琢磨开了：他会不会给我小鞋穿？他会不会炒我鱿鱼？其实，不想打招呼就算了，结果如何都是自然而然的事，想这么多干什么？

打个招呼这么小的事都能想上一大堆，一天会遇到多少这样的事呢？心里就像塞满了乱麻似的，"剪不断，理还乱"。由于心理压力太大，食欲不振、失眠多梦的毛病也随之附身，也就吃不好睡不香了。这不是自寻烦恼吗？

通过在生活中修行，悟到"饿了就吃饭，困了就睡觉"，吃得饱，睡得香，境界就比较高了。如何在此基础更上一层楼呢？还是要在生活中修行。

禅告诉你答案

禅，没有大道理，没有大作为，它发生在生活的每一刻、每一时、每一个当下。我们身边的每一个小故事，都渗透着生活的禅机，蕴涵着生活的本性。

顺应本心，自然而为

有一天，一个学僧来请赵州从谂禅师开示禅的真谛。赵州反问："你吃粥了没有？"

"吃了！"学僧老老实实回答。

"去食堂洗钵盂去！"第一位学僧听到这些似有开悟。

一个新来的学僧也来请赵州从谂开示禅的真谛，赵州问他："你来多久了？"

"今天刚到！"

"你吃过茶没有？"

"吃过了！"

"到客堂报到去！"

一个随赵州从谂修学了十几年的学僧不满地说："弟子前来参学，十年有余，不曾蒙受老师开示，今日想辞别下山，到别处去参学！"

赵州故作惊讶地说："你怎可如此冤枉我，你每天拿茶来，我为你喝，你端饭来，我为你吃；你合掌，我低眉；你顶礼，我低头，哪里有一处没有教导你？"

学僧听了，若有所悟。

赵州又说："但尽凡心，别无圣解。"

这个学僧终于恍然大悟。

赵州从谂禅师开示的禅理，耐人寻味：每个人只需要顺从本心，自然而然地做自己想做又该做的事就行了。如果不想做或不该做，就不要做好了。如果认为只能对现实屈服，做不想做的事，就自然而然地去做。因为想做不想做的事，等于想做的事，何必愤愤不平、满腹抱怨呢？

禅告诉你答案

总而言之，只要顺应本心，自然而然，没有多余的想法，心灵自然清净，也就近于佛道了。

一盏"人生之灯"

传说，著名高僧一灯大师藏有一盏"人生之灯"，灯心镶有一颗历时五百年之久的硕大夜明珠。此珠晶莹剔透，光彩照人。得此灯者，经珠光普照，便可超凡脱俗、超越自我、品性高洁，得世人尊重。

有三个弟子跪拜求教怎样才能得此稀世珍宝。一灯大师听后哈哈大笑，他对三个弟子讲："世人无数，可分三品：时常损人利己者，心灵落满灰尘，眼中多有丑恶，此乃人中下品；偶尔损人利己，心灵稍有微尘，恰似白璧微瑕，不掩其辉，此乃人中中品；终生不损人利己者，心如明镜，纯净洁白，为世人所敬，此乃人中上品。人心本是水晶之体，容不得半点尘埃。所谓'人生之灯'，就是一颗干净的心灵。"

禅告诉你答案

人的一生中，你可以没有显赫威名，也可以没有万贯家资；可以不是伟人巨子，也可以不是达官显贵。但是，人生天地间，要想活得堂堂正正，俯仰无愧，就要学会不断擦拭自己的心灵。为自己的心灵除尘。只要你拥有一颗洁白无瑕的心灵，你的灵魂就可以直面上天。

探究生命的意义

日本真观禅师出家之后，先是研究了六年天台宗教义，后又习禅整整七年，然而，原来心中一团漆黑，现在仍是漆黑一团。至于开悟，那只能是做梦！于是，他漂洋过海，来到了禅的故乡——中国。十二年间，他芒鞋柴杖，孤身一人在苍莽辽阔的中华大地上苦苦寻觅，在各个禅宗祖庭丛林虔诚参访。终于，工夫不负有心人。二十年的参究，换来时节因缘成熟，他明心见性，大彻大悟了。

真观禅师学成归国，在京都、奈良一带弘扬禅法。大师东归，全日本的禅僧蜂拥而来，以各种各样的难题向他请教："如何是佛法大意……什么是达摩祖师西来意？"

"僧问赵州，狗是否有佛性？赵州时而答有、时而答无。那么，请问禅师，你说究竟是有还是无？"

面对纷纷杂杂、千奇百怪的问题，真观禅师一概以他在中国学到的方式回应：默然无言，闭目不答。因为，只有用心体验，才能得到禅的受用；而若是将禅当成学问研究，即便你能把祖师公案讲得天花乱坠，也与禅毫不沾边。

有一天，一个特殊人物找上门来了：道文法师。早在二十多年前，真观禅师尚在研究大台宗教义的时候，道文法师就已经是日本天台宗著名的大师了。道文法师非常恭虔地说："老僧已经五十多岁了，自幼研究天台宗法华教义，但有一个问题始终无法弄明白，请禅师不吝赐教。"

真观说："中国智者大师所开创的天台宗，博大精深，而《法华经》圆融无碍，号称经中之王。面对天台法华思想，应该问题很多、很多，而您却只有一个！不知那个困扰您的问题是什么？"

"《法华经》说：情与无情，同圆种智。这就是说，无情的花草树木也能成佛。那么，花草树木究竟能不能成佛呢？"法文法师热切地望着真观。

"嘿嘿……"真观禅师像是听到了什么好笑的问题，"你呀，几十年来，日日夜夜牵挂花草树木是否能成佛，与你自身又有何益？你应该关心的是自己何时成佛？怎样成佛？你要时时刻刻这样观想才对呀！"

道文很惊讶："我怎么从来没有这样想过？那么，我怎样才能成佛呢？"

"你说你只有一个问题，而这已经是第二个问题了！"真观禅师断然拒绝。

自己的问题，只有自己才能解决。

道文法师豁然大悟了！

禅告诉你答案

禅的智慧，是要我们直截了当切入生命的本质，也就是当下认识自我的本性，而不是攀缘其他。不探讨根本，只是在末梢上下工夫，永远无法契入禅的心要。同样，人首先要明白生命的意义，心灵才不会被物质世界所蒙蔽。

一颗宝贵的"禅心"

有一位学僧请示盘硅禅师："我天生就有心急的毛病，曾受师父指责。我也知错要改，但因心急已经成了习惯，始终没有办法进行纠正，禅师您有什么办法帮我吗？”

盘硅禅师非常认真地回答：“你心急的习气，如果能拿出来，我可以帮你改正。”

学僧说：“现在不会心急，有时会忽然跑出来。”

盘硅微微一笑说：“那么，你的心急是时有时无，不是习性，更不是天性，而是你触境而生的，本来并没有。父母生给你的，只有禅心，没有其他的。”

后来，盘硅禅师圆寂后，有位住在寺院旁的盲人对参禅的弟子说：“我虽是瞎子，看不到对方的面孔，但却能从对方说话的声音判断他的性格。通常情况下，我不但可以从一个人对幸福者或成功者的祝福语中，听出他的嫉妒声气，也可从他对不幸者或失败者所发出的安慰语中，探出他的得意和满足声气。但是，在我所有的体会中，盘硅禅师对人说话的声气始终是真诚无伪。每当他向人宣示快慰之情时，我只听到快慰的声气；而当他向人一吐愁肠时，我只听到愁苦的声气。那种声气，完全是从他的禅心中流露出来的。”

学僧听了后，一面否认盲人的话，一面赞美盘硅禅师说：“我们老师的禅心，不是父母生的，那是他本有的啊。”

禅告诉你答案

好和坏都是习性，而不是本性，既不是与生俱来的，也不是父母所生的。其实我们每一个人都拥有一颗禅心，我们不需要到另外的地方去寻找，我们只需不断地进行体悟，达到明心见性而已。

心灯是无形的智慧

德山是唐朝时代的高僧，他年轻时由四川来到湖南，跟鼎鼎有名的龙潭禅师学佛。一天晚上，他陪师父闲聊，不觉已到深夜。德山离开老师的茅棚，因天色很黑而折了回来。龙潭于是点了一盏烛火给德山。正当德山要去接时，龙潭忽然把火吹熄，就在这时候德山大悟，而向龙潭礼拜。

龙潭说："你见到什么？"

德山说："从今以后再也不疑天下老和尚说的话。"

第二天德山便离开他的老师，继续行脚参访去。龙潭对其他弟子说："他的心志有如金刚一般，牙如剑树，口似血盆，一棒打不回头，将来向孤峰顶上立吾道在。"

后来德山成为禅宗大师，培养了许多高足。你也许想知道德山在火把被吹熄时见到什么。很明显的，他见到了独立不依赖的自由性；所以龙潭才会说，他具备金刚不惑的独立思考，"牙如剑树，口如血盆"表示他能辩破邪说，破除迷障，而能高显生活的真理。

禅告诉你答案

人最忌讳的就是失去光明的心智，渐渐被黑暗的罪恶所包围；最可怕的是步入贪婪、暴力和痴迷之途。这使人失去理性和情性，而最后心灵却完全黑暗。

真诚的心最重要

唐朝宣宗皇帝尚未即位时，曾经因为避难而隐居在佛寺丛林里，担任盐官禅师的书记。对禅门所谓不立文字、不着形象、不假外求之天真洒脱的禅道，很是欣赏。

当时，黄檗禅师担任该寺首座。有一天，这位唐朝天子书记，看到黄檗禅师以七尺之躯，五体投地地礼拜佛像，便问："首座禅师！你过去一向教诫我们不着佛求、不着法求、不着僧求，现在你这么虔诚地礼拜，你究竟所求什么？"

黄檗禅师听了之后不高兴，立即呵斥："不着佛求、不着法求、不着僧求，应该要如是求，你懂吗？"

宣宗听了之后不服气，用讥讽的口吻责问："既然如此，那禅师礼拜又有什么用呢？"

黄檗禅师听了以后，毫不客气地用力打了宣宗一个巴掌，天子书记愣了一下，便非常不高兴地批评："还亏你是个修道人，怎么这样粗暴呢？"

黄檗禅师又给他一个耳光，说："这是什么地方，你居然敢在这里说粗说细！"

宣宗不甘示弱地抗辩："你能拜佛拜法拜僧，我为什么不能说粗说细？"

黄檗禅师听了之后，非常欢喜，笑着说："你说得不错，我可以拜佛、拜法、拜僧，你可以说粗说细。"

黄檗禅师是一个有独立精神的禅师，他的思想宽容，心胸阔大，但不喜欢人云亦云，他最强调的禅法是"诸佛与一切众生，唯是一心，更无别法。此法即心，心外无法，此心即法，法内无心，心自无心，亦无无心者，将心无心，心即成有"。

禅告诉你答案

不着佛法僧求，这是无心的禅；当做如是水，这是有心的求。有心与无心，其实皆为真心，甚至说粗说细，都是从真心中流露出之佛法僧。因此，要想学禅，最重要是从真心求。

有心就有爱

有一天，有位信徒请教禅师："我是一个已婚之人，现在却狂热地爱上了另一个女人，真的不知道该怎么办才好。"禅师问："你能确定你现在爱上的这个女人就是你生命里唯一的最后一个女人吗？"信徒回答："是的。"禅师说："你离婚，然后娶她。"

信徒说:“可是我现在的爱人温柔、善良、贤惠,我这样做是否有一点残忍,有一点不道德,”禅师说:“在婚姻中没有爱才是残忍和不道德的,你现在爱上了别人已不爱她了,你这样做是正确的。”信徒说:“可是我爱人很爱我,真的很爱我。”禅师说:“那她就是幸福的。”

信徒说:“我要与她离婚后另娶别人,她应该是很痛苦的又怎么会是幸福的呢?”禅师说:“在婚姻里她还拥有她对你的爱,而你在婚姻中已失去对她的爱,因为你爱上了别人,拥有的就是幸福的,失去的才是痛苦的,所以痛苦的人是你。”

禅师说:“你现在看你面前香炉里的三根蜡烛,哪根最亮?”信徒说:“我真的不知道,好像都是一样的亮。”禅师说:“这三根蜡烛就好比是三个女人,其中一根就是你现在所爱的那个女人,芸芸众生,女人何止千百万,你连这三根蜡烛哪根最亮都不知道,都不能把你现在爱的人找出来,你为什么又能确定你现在爱的这个女人就是你生命里唯一的最后一个女人呢?”

信徒沉默不语。

这时,禅师说:“你现在拿一根蜡烛放在你的眼前,用心看看哪根最亮。”信徒说:“当然是眼前的这根最亮。”禅师说:“你现在把它放回原处,再看看哪根最亮。”信徒说:“我真的还是看不出哪根最亮。”禅师说:“其实你刚拿的那根蜡烛就好比是你现在爱的那个最后的女人,所谓爱由心生,当你感觉你爱她时,你用心去看就觉得它最亮,当你把它放回原处,你却找不到最亮的一点感觉,你这种所谓的最后的唯一的爱只是镜花水月,到头来终究是一场空。”

禅告诉你答案

爱由心生,有心就有爱,无心则无爱。但我们往往不会珍惜现在的拥有,爱眼前的人。

幸福是一种感觉

桃水禅师曾经在四方丛林广参高僧，以其深厚的修证与正知正见，得到了大师们的认可。因此，当他住持禅林寺时，吸引了众多学僧前来依止。但是，这些僧人有的将禅当成了可以传授的知识，不肯下苦功真参实究，只是幻想着从师父言语上能心开得悟；还有一些人只是注重修行形式，认为只有在寺院里静静打坐，才算修禅，才能悟道。

桃水禅师知道，对于这些弊端，非得痛下辣手、彻底打破他们的倚靠不可！于是，他辞去了禅林寺的方丈，并且遣散了所有的僧人。为了不让学僧们找到自己，他与一群叫花子生活在了一起。三年后，一位弟子好不容易才在一座桥下发现了师父的行踪，立刻磕头如捣蒜，请桃水禅师传给他禅的真谛。

桃水禅师也不客气，说他没有资格得到自己的指导。弟子问，如何才具备资格呢？桃水说，禅，就在乞丐的生活中，只要你能在我身边坚持三五天，就能得到禅的受用了。弟子心想，莫说三五天，就是三五十天，我也能做到。

弟子也换上破烂服装，与师父一同乞讨。那天晚上，一个老年乞丐过世了，桃水禅师与弟子连夜将他抬到野外埋葬了。回到桥下，桃水禅师躺下之后便进入了梦乡，而他的那位弟子却无论如何也睡不着了，心中总是想着那死去的乞丐。天亮之后，桃水禅师说："今天不用去乞食了，那个圆寂的同伴还剩下了一些食品。"桃水禅师拿起那位已死乞丐留下的食品，居然吃得津津有味。而弟子刚刚接过那肮脏的破碗，"哇"的一声呕吐起来。桃水禅师问他怎么啦？他双手合十，对桃水禅师说："师父，您饶了我吧，我实在无法领会您的乞丐禅。"

后来，连别的乞丐也都走了。桃水禅师在桥下搭了一个小茅棚，靠编制草鞋维持生计。一次，有位穷朋友到寺院里烧香，见到那里有结缘（白送）的佛像，就顺便给桃水禅师请回了一张。他对桃水禅师说："你是一个和尚，连个佛像都没有，也太不像话了。你就好好膜拜吧，能保佑你上西天呢。"

桃水禅师道了谢，将佛像贴在了茅棚墙壁上，说道："如来佛，你别生气，不是老僧我不恭敬你。你是匆匆一过客，不妨在我这里暂时借住一阵子。你别介意我的小屋破，我也不会因为上西天的事儿麻烦你。”

禅告诉你答案

天堂也好，净土也罢，一切唯心造。在禅师眼里，禅的真谛无处不有，因为，一切都在他们的心里。其实幸福也是一样，幸福是我们的一种感觉，只要我们心中有幸福，我们就会无时不幸福，无处不幸福。

冷静即是智慧

古代，一个又穷又蠢的人忽然发了财——从老祖宗留下来的房屋中挖出了满满一大瓮银子。谁知，钱的陡然增多，不但未能使得他的日子舒心起来，反而平添了许多的烦恼——人人都知道他愚蠢，脑筋不全，好糊弄，于是，几乎所有的人都在想方设法骗取他的钱财。本来，他那糨糊一样的脑子就不灵窍，面对亲朋好友故意设计的种种圈套，他如何能辨别、能识破呢？所以，他不断出手的银子，就像打狗的肉包子，总是有去无回。

那人听说，佛法能消除人的烦恼，就到附近的一所寺院，向一位禅师请教。禅师说：“你原来既贫穷又没智慧，现在虽然有了钱，依然没有智慧。智慧，并不随着人的富裕而增长，所以难免上当受骗。”

“那么，我怎样才能有智慧呢？能不能用钱买来？”

禅师点点头说：“能。但是，你要牢记，凡是最终向你要钱的人，都是在骗你；只有卖给你智慧而又不收钱的人，教给你的才是真正的智慧。”

城里人比乡下人精明，他就来到城里，逢人便打听哪里有智慧出卖？很多人在暗自嘲笑他愚蠢的同时，都想趁机骗取他的银子。但他牢记禅师的话，任你说得天花乱坠，他有一定之规：只要你要钱，就不是真智慧。最终，那些心怀鬼胎的人费尽心机，却两手空空。而他，在购买智慧的过程中，见识了许多花样翻新的骗局，渐渐也就能看出其中的破绽了。

那些人见难以得逞，便恶作剧戏弄他，告诉他城外破寺庙的那个乞丐僧很有智慧。他兴冲冲来到破庙里，在一堆破布中找到了那个老得像破布一样的禅僧。禅僧告诉他：“你若是遇到疑难问题，一定不要急着处理，可以等智慧来了再说。”

“可是，智慧怎样才能来呢？”那人急不可耐地追问。

禅僧说：“每逢遇到棘手的难题，你先向后退七步，然后往前走七步，如此重复三次，智慧自然而然就来了。”

难道，所有人期盼的智慧，就这么简单？那人将信将疑踏上了回乡之路。他回到家里，已经是半夜时分。进到卧室，黑暗之中，他朦朦胧胧发现，妻子居然与另外一个人同床共眠！他想，一定是野汉子趁他外出期间与妻子勾搭上了！

顿时，熊熊怒火在胸中炽热燃烧！他拔出随身携带的尖刀，刚要刺下去，忽然想到白天禅僧刚刚教他给的智慧，何不试一试？于是，他退后七步，前行七步，如此重复了三次，发热的头脑竟然冷静了一些。他决定先捻亮灯，看看这个与妻子同床的人究竟是谁。在灯光亮起的同时，那个与妻子共眠的人也惊醒过来，翻身坐起——是他的母亲！原来，他外出之后，妻子害怕，就请婆母来做伴。

他扑通一下跪倒在了观音菩萨像前。天哪，若不是禅僧传授给他的智慧，他将闯下怎样的灾祸！天一亮，他立刻布施了数千两银子，为那个乞丐僧重新修建寺庙。

禅告诉你答案

禅僧所说智慧，就是“冷静”。因为，只有冷静的头脑，才能留下思维跳跃的空间，进而产生智慧。当我们的心处于灵明不昧的空静状态之时，灵感的慧光就能显发出来。

欲速则不达

明代，一位儒生从乡村进城去。儒生嘛，自然不可无书，所以，跟随他的书童就挑了两大捆。正是因为挑选、捆扎这些书籍，出发晚了一些，当他们距离县城尚有二里多地，已是日落西山、晚霞映天、炊烟萦树的薄暮时分。在那个时代，为了安全，大小城池夜间是要按时关闭城门的。所以，儒生有些着急，一个劲催促书童快走！

一条河流横亘眼前。

幸好，有一位禅者，效仿唐代的船子禅师，在此作摆渡。过河之后，儒生问禅者："我们是否能在城门关闭之前赶到？"

禅者认真打量了书童几眼，说道："你们若是徐徐而行，还可以在城门关闭以前到达；若是急急忙忙赶路，恐怕就不能在城门关闭之前赶到了。"

虽说佛道儒三教同理，但儒与佛毕竟是两家，儒生认为禅者是正话反说，故意调侃，很是有些恼火。就是嘛，若是快速前进赶不到，慢慢而行岂能到达?!

儒生可不想露宿荒郊野外，所以就一个劲儿督促书童向前赶路。可是，没走多远，只顾挑着书籍一溜小跑的书童，没有注意脚下，被石头绊了一跤，担子摔出老远，捆书的绳子也断了，书籍散了一地。小书童还磕破了膝盖，疼得啼哭抹泪，半天才爬起来。等他们重新收拾好书籍，赶到城下时，那两扇无情的大门已经关闭了。

无独有偶，在近代日本，也有这样一场好戏。

中国禅宗传到日本之后，禅的精神、禅的智慧渗透到社会每一个角落，而且产生了许多变种，比如茶道、花道、弓道、剑道，都可以说是禅的分支。

近代剑道大家宫本武藏，与他的高足柳生又寿郎，就是两位参透了禅的真精神的伟大剑客。当年，柳生第一次参拜师父的时候，便迫不及待地问道："师父，您是过来人，慧眼如炬。您看，以我根基，何时能练成一流的剑客？"

宫本想了想,郑重地对他说道:“大概要十年。”

“哇,十年,是不是太久了?”柳生年轻,很想尽快成名,急切地说:“师父,我是一个意志坚强的人,如果我加倍努力苦练呢?”

“那么,得要二十年。”宫本一脸的严肃认真。

柳生大惑不解地追问:“假如我夜以继日、废寝忘食、一刻不停地用功呢?”

“那你三十年也不会成功!”

宫本的话实在令人费解,柳生差点将自己的头皮挠破,也没挠出个所以然。他可怜巴巴问道:“师父呀,练习剑道怎么这样奇怪?为什么越努力反而用的时间越长呢?请您告诉我,这是什么道理?”

宫本谆谆教导他说:“如果你的两只眼睛死死盯着‘成功’二字,哪里还能看自己呢?所谓的一流剑客,便是要永远保留一只眼睛看自己。”

柳生震惊得满头大汗,当下顿悟。

禅告诉你答案

所谓“欲速则不达”,不仅仅是一种道理,更是一种智慧,一种思维方式。现代这个快节奏的社会,更需要我们时常审视自己,观照自己的心灵。给心灵留下一定的空间,智慧的火花才能产生。否则,很可能“穷暮而无归宿”。

心中无一物

宋明理学,其渊源在于禅宗。许多理学大师在儒学穷途末路、山穷水尽之际,从禅宗汲取营养,利用禅的精髓整合传统儒家学说,演绎出了柳暗花明的新境界。例如,初期理学大师周敦颐,曾经拜鹤林寺禅僧寿崖为师,还曾经参禅于黄龙慧南,问道于佛印了元,拜谒黄龙祖心,饱饮禅乳。因此,他的得意门生、理学集大成者程颢、程颐兄弟，也与禅僧来往密切，是禅学的夫子。然而，禅悟有深、浅、偏、圆，所以，弟兄俩的生活态度不尽相同。

一天，有朋自远方来，邀请程颢、程颐兄弟到洛阳最豪华的酒楼参加宴会。当时，程氏兄弟已经名满天下，他们的学说被称作“洛学”，是洛阳城最为德高望重的人物，因此被当做贵宾请入上座。唐宋文人，十分放旷，每每聚会，必定召妓。他们饮酒赋诗，且歌且舞，尽情欢乐。哥哥程颢深得随缘顺势之三昧，与大家一起畅饮谈笑，甚至前仰后合，舞之蹈之……

弟弟程颐看在眼里，眉头皱成了一座小山：我们是有道德、有地位、有学问的长者，怎么能随波逐流，与这些放浪形骸的落魄文人一样堕落呢？碍于面子，他无法当众制止哥哥，只好独善其身，自己扭身侧坐，眼观鼻，鼻观心，心守一，对外界的声色歌舞、欢声笑语视而不见，听而不闻……

他那副不苟言笑别别扭扭的样子，与宴会上轻松的气氛格格不入，很不和谐。因为有了他的道貌岸然，大家都不太自在，不敢尽情欢乐；而他自己心里也很不痛快，像受刑一样难熬。

第二天，心里一直很憋闷的程颐，最终还是忍不住了，对哥哥抱怨说：“我们是为人师表的先生，是受人尊重的学者，理应规规矩矩，谨慎做人，怎么能流于庸俗，与那些人一同歌舞放荡呢？”

程颢大笑：“兄弟呀，你好辛苦啊！”

程颐不解，又皱起了眉头。

程颢说：“昨日歌舞，今天早已烟消云散，你为何一直背负着不放呢？！昨日座中有妓，而我心中无妓；今日书斋无妓，而你心中有妓！”

禅告诉你答案

禅悟水平的高低在于心性的高低。心中无一物，何处惹尘埃。生活中有许多人总是偏执于物，而不从心上去下工夫来修禅，却不知这样恰好走错了方向。

无心之茶

一休禅师的弟子珠光一向有打盹的习惯，在公共场合常常失态，为此他非常苦恼。后来，珠光听从医生的建议多多喝茶，以后果真不再打盹了。因此，珠光禅师喜欢上了喝茶，还创立了“茶道”，因而有茶祖之誉。

一天，一休禅师问珠光：“珠光，你是以何种心态喝茶呢？”

珠光答道：“为健康而喝茶。”

一休禅师于是提起了“赵州吃茶去”的公案：“有学僧请示赵州禅师以佛法大意，赵州答道：‘吃茶去！’你对这件事有何看法呢？”

珠光默然不语。

一休禅师心里暗暗称许。过了一会儿，一休禅师叫侍者送来一碗茶，珠光刚接过茶碗捧在手上，一休禅师便大喝一声，并将他手上的茶碗打落在地。珠光依然什么也没说。然后，珠光向一休禅师道过了谢便起身向门口走去。

一休禅师突然叫道：“珠光。”

珠光回头应道：“弟子在。”

一休禅师问道：“茶碗已打落在地，你还有茶喝吗？”

珠光两手作捧碗状，说道：“弟子仍在喝茶！”

一休禅师不肯罢休，追问道：“你已经准备离此而去，怎么能说还在喝茶？”

珠光诚恳地说道：“弟子到那边喝茶！”

一休禅师再问道：“我刚才问你喝茶的心得，你只懂得这边喝，那边喝，可是全无心得。这种无心喝茶如何？”

珠光沉静地答道：“无心之茶，柳绿花红。”

一休禅师听后大喜：珠光完成了新的茶道。

禅告诉你答案

茶道中茶只是一种中介，关键是通过喝茶来体悟内心，净心明性。因此，茶道的最高境界不在于有茶无茶，而在于心中是否有茶。人生也是一样，要想求得幸福，必须内心先有幸福感，这样才能做到无时无地不幸福。

心平气和方

有一个年轻人，出家为比丘。有一次，这年轻比丘停留在村子的精舍时，有人供养他两件袈裟，他决定把其中一件供养给长老比丘——他的舅舅。

年轻比丘就去找长老比丘，并把袈裟供养给长老比丘。但长老比丘说自己的袈裟已经够用了，所以并未接受。年轻比丘多次恳请，但长老比丘坚决拒绝。年轻比丘十分伤心，心里想一定是舅舅不喜欢他。他甚至觉得既然舅舅坚定拒绝与他共享必需品，他最好还是还俗，过世俗的生活好了。

从那天以后，他的心念纷飞，思绪紊乱，心中想着，还俗后，就卖掉袈裟，买只母羊，然后快速下羔，攒足够的钱就娶妻生子，他再携带妻小来看望舅舅。他甚至想到在路途上，由于他和妻子争着来照顾孩子，结果使孩子掉下了车子，被轮子碾死。于是他非常愤怒，拿棍子要打死老婆……

其实，这时候，他正用扇子帮舅舅扇凉，但由于胡思乱想，而不小心打到长老比丘的头。长老比丘明白年轻比丘的心思，就告诉他："你自己明明是要打老婆，怎么反而打起舅舅呢？"

年轻比丘十分惊讶，局促不安地想立刻离开精舍。但长老比丘却带他去见佛陀。

佛陀知道事情的原委后，很仁慈地告诉年轻比丘，人心旁骛不定，即使是遥远的东西,心都能够加以胡思乱想。所以人应努力使自己从贪、嗔、痴三毒中解脱出来,才能心平气和,获得真知。

禅告诉你答案

心是飘忽不定的,经常浮想联翩,做“白日梦”。要用智慧把它系住,才能获得真知。

从心里去感悟

马祖是怀让禅师的弟子,他在般若寺修行的时候,整天盘腿静坐,冥思苦想,希望有一天能修成正果。有一次,怀让禅师路过禅房,看见马祖坐在那里神情专注,便向弟子问道:“你这样是在做什么?”

马祖马上起身答道:“我在修行,我想成佛。”

怀让禅师听他这样说,就顺手从地下捡起一块砖,然后在一块平滑的石头上磨了起来,神情是那么的专注和坚毅,和马祖的神情是一样的,有一种不达目的不罢休的感觉。

马祖非常疑惑地问道:“禅师,你在做什么呀?”

怀让禅师答道:“我在磨砖呀,难道你看不见我在做什么吗?”

马祖又问:“磨砖有什么用呢?”

怀让禅师说:“我在磨砖,我想把它磨成镜子。”

马祖说:“砖本身是没有光的,就算你磨得再平,它也不会成为镜子的,你就不要在这上面浪费时间了。”

怀让禅师就说:“砖不能磨成镜子,静坐又怎么能够成佛呢?”

马祖惭愧地问道:“弟子愚笨,请师父指点,怎样才能成佛呢?”

怀让答道:“有一个人在赶车,可是那个车子就是不走,于是他就拿起鞭子拼命地打车，马儿在那里低着头吃草，车子还是不动。你说是应该打车，还是应该打马儿呢？”

马祖终于醒悟了：“坐禅只是成佛的一种手段，若想真正地成佛，只坐禅是没有用的，而是要从心里去感悟。”

禅告诉你答案

做事要找对方法，追寻快乐和幸福也一样。只靠终日追寻名利来满足内心的过分的欲望是永远都得不到幸福的，关键是要明白快乐和幸福只有靠克制自己的欲望，修炼自己内心的平静来达到。

从内心的纠缠中解脱

唐代的智闲和尚曾拜灵佑禅师为师，有一次，灵佑问智闲：“你还在娘胎里的时候，在做什么事呢？”

“还在娘胎里的时候，能做什么事呢？”他冥思苦想，无言以对。于是说：“弟子愚钝，请师父赐教！”

智闲笑着说：“我不能说，我想听的是你的见解。”

智闲只好回去，翻箱倒柜查阅经典，但没有一本书是有用的。他这才感悟道：“本以为饱读诗书就可以体味佛法，参透人生的哲理，不想都是一场空啊！”

灰心之余，智闲一把火将佛籍经典全部烧掉了，并发誓说：“从今以后再也不学佛法了，省得浪费力气！”

于是他前去辞别灵佑禅师，准备下山，禅师没有任何安慰他的话，也没有挽留他，任他到自己想去的地方。

智闲来到一个破损的寺庙里，还过着和原来一样的生活，但是心里还总是放不下禅师问他的话。

有一天，他随便把一片碎瓦块抛了出去，瓦块打到一棵竹子上，竹子发出了清脆的声音。智闲脑中突然一片空明，内心澎湃。他感到了一种从未体验过的颤抖和喜悦，体验到了禅悟的境界。

他终于醒悟了："只有在生活实践中自悟自证，才能获得禅旨的真谛。"于是立即赶到灵佑禅师身边说："禅师如果当时为我说破了题意，我今天怎么会体会到顿悟的感觉呢？"

禅告诉你答案

悟的魅力就在于长久地追寻和执著地思索之后，突然感受到了宇宙和生命的那种永恒和谐的意义，并且觉悟到这其实是一种固有的东西的时候，就会从内心的纠缠中解脱。你会突然间发现，一切都为之改变了。

你就是佛

一天，一个青年去拜见禅宗六祖慧能大师，慧能一看他就知道是佛门龙象。于是问道："你从哪里来？"

青年恭敬地说："从不远的地方来。"

慧能心想："这么小的年纪就有如此造化，真是难得！"

于是又问道："你的生命在哪里？"

年轻人答道："生命？我早就忘记了！"

慧能十分欣喜，召唤少年向前近来："好好说，你府上是哪里？"

"浙中。"

"来拜见我是为了什么事？"

青年说："世间均是垃圾，无处容身，请师父收我为徒。"

慧能为了考验他出家的决心，笑着说："不要出家！"

青年坚定地说："不要不出家！"

后来，这个青年继承了六祖的禅风，成为著名的南阳慧忠禅师。

慧忠禅师在河南的深山里苦修了40年，与世人隔绝，没有任何烦恼与欲念，终于见到了清明的世界。

有个僧人问他："怎样可以成佛？"

南阳慧忠微笑："放下、忘掉。"

"怎样才能物我两忘？"

"超越一切，无欲无求！"

"佛是什么？"

慧忠扬眉大笑："佛就是你的一举一动、一言一行、一想一念，你就是佛。"

禅告诉你答案

人生，由于欲望而让你失去了许多美好的东西。放下并忘掉你的欲望以及由此带来的烦恼，让自己的心灵处于物我两忘的清明境地之中，你就会发现你平时未发现的许多的东西。

充实自和

道谦和尚是大慧禅师的弟子，他参禅20年了还是没有悟道，心中很着急。

有一次，禅师让他出门办事，大约需要一年的时间，道谦想：需要这么长的时间，而自己参禅还没有什么进展，这不是在荒废时间吗！于是心里十分苦恼。

他的朋友宗元和尚听他诉说了这些苦恼，安慰他说："我和你一起去吧！路上我也可以帮助你参禅！"道谦十分高兴，于是二人就出发了。

一路上，宗元总是说说笑笑，似乎把原来的承诺给忘了。道谦非常失望，请求宗元的帮助，可是宗元却说：“不是我不帮你，我实在是帮不了你！这一路上你必须自己做五件事。”

道谦问：“哪五件事？”

宗元回答说：“吃、喝、拉、撒、睡。”

这句话刚一说完，道谦猛然醒悟过来，他终于顿悟了，从这几句话中认识了“自我”。

于是他便独自踏上了行程，不再要朋友陪伴了。

一年以后，道谦到师父那里复命，大慧禅师一见到他就说：“你终于找到自己了！”

想到20年来自己浑浑噩噩，处处依赖师父，以为离开了师父就不能参禅了，结果迟迟难以开悟。后来在宗元的启发下，他终于发现了“自我”；认识到参禅从根本上来说，靠的是“自悟自证”的时候，他才开始走上了“悟禅之道”。

禅告诉你答案

参禅的实质是自我审视、自我洗涤、自我完善、自我净化、自我跌落、自我升华、自我顿悟……其实，寻找失落的“自我”的最好办法，便是完善自我、充实自我、感悟自我。

心中有禅

有一次，苏东坡要来见佛印，并且事先写信给禅师，叫禅师像赵州禅师迎接赵王一样不必出来迎接。

苏东坡自以为了解禅的妙趣，佛印禅师应该以最上乘的礼来接他——不接而接。可是却看到佛印禅师跑出寺门迎接，觉得终于抓住取笑禅师的机会。他说道："你的道行没有赵州禅师洒脱，我叫你不要来接我，你却不免俗套地还跑了大老远路来迎接我。"

苏东坡以为禅师这回必居下风无疑，而禅师却回答一首偈子说：

赵州当日少谦光，不出山门迎赵王；

怎似金山无量相，大千世界一禅床。

佛印的意思是说："赵州禅师不起床接见赵王，那是因为赵州禅师不谦虚，而不是境界高，而我佛印出门来迎接你，你以为我真的起床了吗？大千世界都是我的禅床，虽然你看到我起床出来迎接你，事实上，我仍然躺在大千禅床上睡觉呢？你苏东坡所知道的只是肉眼所见的有形的床，而我佛印的床是尽虚空遍法界的大广床啊！"

禅告诉你答案

心中有禅，就无处无禅。若你心中有爱和幸福，你就无论身处哪里，都会觉得快乐和幸福。

心中都有一座宝藏

从前，有一个贫穷的女子，她家的院子里，埋着许多金银财宝，可是她家里没有一个人知道这件事。

当时有一个很有智慧的人，心地善良，知道了这个情况，就想把贫女家里埋有宝藏的事情，告诉贫女。智者担心贫女不相信自己的话，就想了一个办法。

他对贫女说："我想请你为我干活，你能为我做除草的工作吗？"

贫女回答说："我不能这样做，除非你告诉我说我的家里有宝藏，我才为你工作。"

贫女本来想用这个借口，来回绝智者的要求，因为她心想自己家里根本不会有什么宝藏。不料智者听了之后，却满口应承说："我知道你家里有宝藏，我也可以告诉你宝藏埋在什么地方。"

贫女回答："我家里的人都不晓得有宝藏这回事，你怎么可能知道？"

智者说："我确实知道这件事。"

贫女回答："好吧，眼见为实，我要亲眼看到才行。"

贫女就跟着智者来到自家后院。智者果然从贫女家里挖出了宝藏。

贫女见了，心生欢喜，对智者产生了由衷的敬佩之情。

这则故事出于《涅槃经》卷七，故事产生的背景是在古代的印度。

贫女的家中，本来有无价的宝藏，由于没有被发现，所以她仍然是一个贫穷的姑娘。一旦发掘出这个宝藏，贫女顿时就拥有了巨大的财富。

禅告诉你答案

我们每个人的精神世界中，都有这么一座宝藏。只要认识到本心本性，我们内心的世界就会立即变得非常的富有。

打开自家宝藏

在唐代，有位俗姓马的禅师，在江西弘扬禅法。他禅风洒脱，法雨普施，培养了一大批弟子，度化了无数众生，在禅学界享有很高的声誉。由于他俗姓马，当时的人都称他为马祖大师。

一天，有一位叫大珠慧海的禅师，踏破千山万水，风尘仆仆，前来拜见马祖大师，请求他的指点。

马祖大师看着这位虎头虎脑、朝气蓬勃的年轻人，心中暗喜，他觉得，这块好材料该是雕琢成美玉的时候了，就反问他："我这里什么都没有，你为什么要撇下自家宝藏不顾，这么辛苦地在外面奔走流浪呢？"

慧海听了，急忙追问："啊？我的自家宝藏？请师父告诉我，什么是我的自家宝藏？"

马祖大师告诉他："这个自家宝藏，就是现在让你问我的那个东西。此刻，到底是什么东西让你在问我，是什么东西让你在聆听我？这个东西不是别的，就是你的自家宝藏啊。这个自家宝藏，就是你的本心本性。在你的生命中本来就已经具备，一丝一毫也不缺少。吃饭睡觉，行住坐卧，语默动静，都是它在起作用。运用起来自由自在，你哪里还用得着向外面去苦苦寻找呢！"

慧海禅师听了，汗如雨下，如梦方醒。在那个瞬间，他感觉有一道光芒蓦地把自己照得通体透亮，表里俱澄澈。

当学人起心动念，想要向外寻找时，禅师当头给了他一棒，来打破他的痴迷执著。

在马祖大师的点化下，慧海顿时明白了什么是自家宝藏。后来，他和别人谈起这段经历时说：

马祖大师教导我说："你的自家宝藏，就是你的本心本性，这个本心本性是每个人都具备的，是圆满没有缺陷的，你根本用不着向外面去寻找。"自从我听了这样的教诲，就彻底停止了向外寻找的念头，明白了什么是自家宝藏，直到今天，我还感到受用无穷！

"自家宝藏"就是我们每个人生命中本来具有的觉悟性。这个觉悟性，是要反求诸己，无需外求的。但是世人偏偏不能认识到这个事实，偏偏要"抛却自家无尽藏，沿门持钵效贫儿"，这是一种非常可怜的迷失的状态。

所以，我们要求得生命的安顿，就必须打开自家宝藏。打开了自家宝藏后，我们的生命就会焕然一新。

认识自家宝藏，珍视自家宝藏，对每个人至关重要。人生的价值，很大程度上取决于我们心灵的感受。

禅告诉你答案

在这个世界上，你把自己看成是乞丐，你就是乞丐；你把自己看成是钻石，你就是钻石。

所以，我们一定要用钻石的眼光来看自己。

舍父逃生

《法华经》里，有这样一则经典禅学故事，叫舍父逃走。

有一个年轻人，少不更事，离开了富有的父亲，到异国他乡流浪乞讨。

他的父亲为了方便找到他，就把家搬到了另外的一座城市。因为根据感觉，在那一带可能会找到儿子。

终于有一天，在那座城市乞讨的儿子来到了新家的前面。儿子看到这栋建筑，很像他小时候生活过的那个家，又不敢确定。他想，天下哪有这么巧的事情呢？我的家明明是在另外的城市啊，怎么这里也有一个和原来的家完全一样的家？

这样想着，他就犹犹豫豫，在门前徘徊，不敢走进去。思子心切的父亲一眼就看出门外的这个人，正是自己寻找了多年的儿子，赶忙派人去传他进来。儿子看到里面的人朝自己走来，心里害怕，拔腿就跑。

父亲为了使儿子心安，就派人用雇他来家里干杂活为借口，让他来家里工作。久而久之，儿子慢慢地适应了这里的工作。

父亲在临终的时候，把干杂活的儿子叫到床前，向儿子说明了详细经过，儿子这才明白他本人就是这份丰厚家业的继承者。

这就是《法华经》的“舍父逃走”的经典譬喻。

在这样一则经典故事里面，富有的长者就是佛陀，而流浪他乡的穷小子，就是我们迷惘的众生。我们不知道自家财产的珍贵，自己精神生命的富有，偏偏要流亡他乡，过着流浪的生活。背离了本心本性，追逐外物，就是“舍父逃走”。

“舍父逃走”的结果，就是“反认他乡作故乡”。“他乡”，就是功名富贵、权力地位、歌舞繁华、感官刺激等等。当我们对它过于执著，拼命地钻营追逐，就忘记了本心本性，就成了流浪在异国他乡的游子。

禅告诉你答案

迷失本心追逐外物的众生，就是流浪在外的游子。游子作客他乡，时间久了，就会对自己追逐的对象习以为常，把它当成是生活的全部意义，这就是“反认他乡作故乡”。

不要迷失本心

有一次，释迦牟尼在寂静的森林中坐禅，听到远处有两个青年男女的欢笑声。

不多久，就见一个年轻的女孩，急匆匆地从面前经过，逃到另一个方向的森林中去了。

随后，男孩也匆匆地追了过来，见了释迦牟尼，急急地问：

“刚才你有没有看到一个女孩跑过来？她偷走了我的钱包。”

释迦牟尼不动声色地反问：“寻找逃跑的女孩和寻找本来的自己，哪个更重要呢？”

男孩显然从来没有想过这个问题，一时间感到无所适从。

释迦牟尼再一次问他：“寻找逃跑的女孩和寻找本来的自己，哪个更重要呢？”

年轻人在心中反复回味着释迦牟尼的话，终于发现了“迷己逐物”的愚蠢。

其实，故事中的这个男青年，不是别人，就是我们自己。

我们一生中都在追逐功名利禄、酒色财气，却迷失了自家宝藏，迷失了本心本性。无穷无尽地膨胀着的欲望，使我们成了物质的奴隶。

禅告诉你答案

一心一意地追求物质财富，我们就会为外物所累。商品拜物教、金钱拜物教、富贵病毒症这些顽症、绝症，正在使我们失去自我，陷入极度的痛苦和无聊中。

大声呼唤自己

在禅的修行中，就要时时刻刻保持清醒，不让自己走失。

师彦禅师在石上坐禅时，经常自问自答。

他喊自己："主人公！"

自己回答："哎！"

"清醒着，以后不要受别人欺骗！"

"是的，是的！"

师彦所呼喊的"主人公"，就是生命中真实的自己，就是自己的本心本性。

禅告诉你答案

如果你为外物所迷，失魂落魄，东飘西荡，没有自己的立场、方向、主宰，就是迷失了主人公。师彦禅师在坐禅时自己喊自己的名字，就是提醒自己不要被外物所迷，不要成为木偶和陀螺。当你成为自己的主人公的时候，就可以自由自在地支配你的时间和生活了。

放下最重要

过去有一个人出门办事，跋山涉水，好不辛苦。

有一次经过险峻的悬崖，一不小心掉到深谷里去了。此人眼看生命危在旦夕，双手在空中攀抓，刚好抓住崖壁上枯树的老枝，总算保住了性命。可是人悬荡在半空中，上下不得，正在进退维谷，不知如何是好的时候，忽然看到慈悲的佛陀，站立在悬崖上，慈祥地看着自己。此人如遇救星一般，赶快求佛陀说：

“佛陀，求求您发发慈悲，救我吧！”

“我救你可以，但是你要听我的话，我才有办法救你上来。”佛陀慈祥地说着。

“佛陀，到了这种地步，我怎敢不听你的话呢？随你说什么，我全都听你的。”

“好吧！那么请你把攀住树枝的手放下！”

此人一听，心想，把手一放，势必掉到万丈深渊，跌得粉身碎骨，哪里还保得住生命？因此，更加抓紧树枝不放，佛陀看到此人执迷不悟，只好离去。

禅告诉你答案

我们想明心见性，就要遵循佛陀的指示，把手放下来。在悬崖的地方，把手放下来才能得救，否则，既不听人劝告，又执迷不悟，谁又能救你脱离险境呢？

第二章

CHAN
GAOSUNI DAAN

禅告诉你随缘达观的智慧

拥有一份随缘之心，你就会发现，天空中无论是阴云密布，还是阳光灿烂；生活的道路上，无论是坎坷还是畅达，心中总是会拥有一份平静和恬淡。

旷达地看待人生

酷夏，一位小和尚指着寺院的一片行将枯死的草地对师父说，“你看，这些草又干又黄，马上就要死了，这太有损我们寺院的美观了，我们应该在这儿再撒些草籽。”师父向他挥挥手说：“随时！”

许多天过去了，小和尚没得到师父的任何吩咐，他不禁暗自着急。他等呀等呀，终于熬到了中秋节，这天，师父交给他一包种子让他撒到草地里。小和尚非常高兴地拿着种子去撒。还没等他撒完，忽然间秋风四起，种子随风飘走了好多。小和尚大叫起来：“不好了，不好了，种子被风吹跑了。”“没关系，吹走的大多都是空的种子，种在地里也不会发芽的。”师父说：“随性！”

小和尚刚刚播完种，空中飞来了几只寻食的鸟，它们在草地上不停地啄着什么。“天哪，种子要被它们吃光了，这可如何是好！”小和尚急得抓耳挠腮，惊慌不已。“没关系，种子多得很，吃不完！”师父说：“随遇！”

到了半夜里，老天突降一场倾盆大雨，把小和尚播种的草地冲得面目全非。第二天清早，小和尚飞一样地冲进禅房：“师父，全完了，种子都被暴雨冲走了！”

师父微笑着说："冲到哪里就在哪里发芽！随缘！"

六七天过去了，快要枯死的草地上竟然冒出了许多嫩绿的草芽，就连一些没有撒种的墙角也冒着绿绿的生机。小和尚高兴地直蹦。师父含笑点头："随喜！"

禅告诉你答案

面对同样的事情，不同的人的感悟是不一样的，幸福的人往往只记住生活中快乐的一面，而不幸的人则恰恰相反。草儿在酷暑中枯萎了，在严寒中死去了，可到了明年春天又焕发出勃勃生机，"野火烧不尽，春风吹又生"，这何尝不是一种豁达，一种洒脱，一份人生的成熟呢？

平常心是道

深山藏古寺，禅堂卧蛟龙。一位禅僧自从住进禅堂，就效仿禅宗四祖道信，夜不展单，肋不沾席——俗称"不倒单"——不睡觉。他十年之中，昼夜坐禅，心无杂念。然而，眼看着同门师兄弟一个个越过龙门，化作飞龙喷云播雾遨游太空，而他仍然是鲤鱼一条。

有一天，他实在想不明白，就到方丈请示住持和尚："师父，弟子自从投到您的门下，打坐修行不倒单，没有一刻嬉戏荒废。可以说，在您的弟子中，没有一个人比我更用功心切的了，可是，为何只有我一直不能开悟？"

禅师递给了他一只葫芦和一把粗盐粒，说道："你知道，水能溶化食盐。现在，你去把葫芦里灌满水，再将盐粒装进去，你若是能让葫芦里的盐立刻溶化，你就开悟了。"

弟子将信将疑，但仍然按照师父的嘱咐去做了。不一会儿，他手里提着沉甸甸的葫芦跑回找方丈，急切地对师父说："师父，盐粒装进去之后，并不能立刻自行溶化。而葫芦的口太小，棍子又伸不进去，无法搅动。所以，葫芦里的盐到现在还没化完，看来，我是无法开悟了。"

禅师接过葫芦，将里面的水倒出了一部分，仅仅摇晃了几下，所有的盐粒马上溶化了。他这才对弟子说："一目六时（古代印度计时方法，一昼夜分为六个时段）不间断用功，不为心灵留下一些空闲，就如同灌满水的葫芦，搅动不得，摇晃不动，如何能溶解其中的盐粒呢？又如何能心开得悟、契入禅机呢？"

弟子不解："难道，不用功就能开悟吗？"

"修行要用平常心。而执著修行，急切期盼开悟，也是执著，必须舍弃。"

弟子豁然开悟了，说："我由师父见到了南泉。"

"平常心是道。"

南泉普愿大师仅此一语，道尽了禅宗千年风韵。

把平常心诠释得最通俗易懂、最生动有趣、最别具一格的，当属南泉的弟子——长沙景岑禅师。

学僧问景岑："师父，你曾亲自见过南泉提倡平常心。那么，如何是平常心？"

景岑本来是双盘跏趺而坐，听得学僧如此一问，就把腿放了下来，改为像平常人一样的舒舒服服的坐姿。然后，他问道："懂么？"

学僧一头雾水，老老实实说："不懂。"

景岑禅师微笑着说："傻小子，想睡就睡，想坐就坐。热了纳凉，冷了烤火。"

景岑禅师的意思是说，一切顺其自然，就做到了平常心。

禅告诉你答案

拥有一颗平常心，我们就能够理性面对生活中的俯仰沉浮，就能够体味生活中的酸甜苦辣，也就能够做到一切顺其自然，我们需要的只是随缘达观地生活。

随遇而安，随缘自性

弘一大师把佛道修行和艺术生活集合起来，更显出他的人生境界。有一天，著名教育家夏丏尊先生前来拜访，吃饭时，只见他吃一道咸菜，夏先生不忍心地说："难道你不嫌这咸菜太咸吗？"

弘一大师回答说："咸有咸的味道！"

过一会儿，弘一大师吃好后，手里端着一杯开水，夏先生又皱皱眉头道："没有茶叶吗？怎么每天都喝这平淡的开水？"

弘一大师又笑一笑说："开水虽淡，但淡也有淡的味道。"

弘一大师的"咸有咸的味道，淡有淡的味道"，这是一句多么富有佛法禅味的话啊！弘一大师把佛法应用在他的日常生活中，他的人生，无处不是味道。一条毛巾用了三年，已经破了，他说还可以再用；住在小旅馆里臭虫爬来爬去，访客嫌恶，他说只有几只而已。可说是真正体会了"随遇而安"的生活。

禅告诉你答案

随遇而安，随缘自性，才能体会到生活中的真正滋味，达到一种真正的人生境界。

不为生气而种兰花

有一位禅师，他非常喜爱兰花，在平日弘法讲经之余，花费了许多的时间栽种兰花。

有一天，他要外出云游一段时间，临行前交代弟子：要好好照顾寺里的兰花。

在这期间，弟子们总是细心照顾兰花，但有一天浇水时却不小心将兰花架碰倒了，所有的兰花盆都跌碎了，兰花散了满地。弟子们都因此非常恐慌，打算等师父回来后，向师父赔罪受罚。

禅师回来了，闻知此事，便召集弟子们，不但没有责怪，反而说道："我种兰花，一来是希望用来供佛，二来也是为了美化寺里环境，不是为了生气而种兰花的。"

禅师说得好，"不是为了生气而种兰花的。"而禅师之所以看得开，是因为他虽然喜欢兰花，但心中却无兰花这个障碍。因此，兰花的得失并不影响他心中的喜怒。

禅告诉你答案

在日常生活中，我们牵挂得太多，我们太在意得失，所以我们的情绪起伏，我们不快乐。我们应该冷静看待生活中的得失，不让它们影响我们的心情。

凡事放得开

有一次，一休禅师和徒弟出去讲禅。走到桥边，遇上山洪暴发，洪水把唯一的桥梁冲毁了。师徒二人站在桥边发愣，正想着："怎么过去呢？"

这个时候，有位年轻貌美的小姐也要过桥，看到桥梁断了，万分着急地跺着脚。

一休禅师见状便走上前问："小姐，你要过去吗？这样好了，我来背你涉水过河。"

这个小姐因为有急事，顾不得男女有别，回答："好啊！好啊！"于是，一休禅师就背着小姐涉水过去了。到了对岸，一休禅师把小姐放下来，双方便各奔东西。

而跟在后面的徒弟心中一直不以为然地想：师父常常跟我们说，"男女授受不亲"，今天遇到这么一位美丽的小姐，却很欢喜地背着她涉水过河。但是，由于对方是师父，自己是徒弟，他也不敢说出心中的想法。

可是，一天、两天、三天、一个月、两个月、三个月过去了，徒弟心里仍放不下那件事。终于有一天，他跑到师父面前说明他不以为然的意见。

师父一听，不禁抚掌大笑："哎呀！徒弟，你太辛苦了！我背那个女人过河后，就放下了，你怎么还把那个女人背在心上，而且一背就是三个月，真是太辛苦！太辛苦了！"

禅告诉你答案

世间上每个人每天心里都背着各种的担子，包括疑惑、杂念、妄想、烦恼和一些是非善恶，真是压得人喘不过气来。凡事都计较，凡事都放不开，凡事都积压在心上，那人生会很辛苦。为什么不把心里的担子放下来，把心里的石头搬开呢？

为什么要悲观呢

有一座寺院，很小，只有一个看门的小沙弥。但香火很旺，来求愿的人很多。小沙弥看着住持每天应接不暇，就自告奋勇对住持说：“你休息一会吧，我来代替你做。”

住持想了想，同意了。不过他提了一个条件：“当你站在这里时，不管看到什么或听到什么，都不能说话。”

这似乎是一个不成问题的问题，非常简单，小沙弥欣然答应。

每天来求愿的人的确很多，而且提出的要求五花八门，小沙弥惊奇万分，但都忍着不说。

直到有一天，先是来了个富翁，求富贵的，走时将一袋钱遗失在寺院里。接着进来的是一个穷人，他的一家四口处于饥饿之中，来求住持救助。当他站起身时，意外地发现了这袋钱，大喜而泣。当他拎起钱袋跑了后，又进来一个年轻人，年轻人要出海远航，特来祈求平安。正祈祷着，那个丢了钱的富翁匆匆跑回来了，一口咬定是他捡了钱，抓住年轻人死不肯放……在两人闹得不可开交之际，小沙弥憋不住开口了

不消说，富翁立即跑出去找那个穷人，而年轻人匆匆起身去赶那班船。当他们都走后，住持气愤地站起来：“谁让你说话的？你给我出去。”

小沙弥也很气愤：“难道我说的不是真相吗？”

住持说：“那个富人银子本来就应丢失；那个穷人一家都快饿死了，那袋钱本可救这一家子；而最可怜的是那位年轻人，本来，再纠缠一会，他就晚点了，现在，他乘坐的那只船正在沉没……”

禅告诉你答案

塞翁失马，焉知非福。生活中，你如果遇到不顺心的事千万不要悲观，也许幸运就在不远处等着你。只要保持积极乐观的心态，生活的磨难便会变成最宝贵的财富，使你失之东隅，收之桑榆。

不以物喜的情怀

还是在浙江普陀山，还是在梵音洞，还是那个老和尚。一个月色朦胧的深夜，正在打坐的老和尚，隐隐约约听到了几声哭泣，着意听，又没了动静。他修行多年，身体内的脉络发生了奇妙变化，尤其是在坐禅时，感觉极为灵敏。因此，他可以断定，那声音来自远处的海边，是个年轻的女子。

夜半悲声，肯定非同寻常！

老和尚从蒲团上一跃而起，向海边奔去。

海边高高的岩石上，静伫着一个白色的身影。不知是她那无言的悲痛将月光染得格外凄凉，还是凄迷的月色衬托得她格外悲怆。未等老僧靠近，她已经画出一条弧线，跳入波涛汹涌的大海之中……

幸好老和尚会一些水性，而且奋不顾身，完全将自己的生死置之度外，在大潮将她卷走之前抓住了她。几经挣扎，几度沉浮，一个半死的人拖着一个快死的人终于爬上了海岸。然而，被老僧救活之后，年轻女子不但不感激，反而一脸的忧伤，埋怨老和尚多管闲事！

老僧问她年纪轻轻为何自杀？为何要选择这佛教清净地轻生？

年纪女人眸子里有云雾一般的神采掠过，她如梦似幻，喃喃说道，这里是她的美梦开始的地方。所以也应该在这里终结……

三年前，就在这风景秀丽、如诗如画的普陀山，月光下的海滨，浪漫得如同梦幻。恰似童话故事一样，前来旅游的她与她的白马王子不期而遇了……两年前，他们爱情的结晶——一个白雪公主一样可爱的女儿出生了……一年前，痴情女子负心汉的故事再次上演，她的丈夫成了另一个漂亮姑娘的白马王子……几天前，寄托了她全部希望乃至生命的女儿也夭折了……

“我一个女人，没了丈夫，没了女儿，活在世上还有什么意思？所以……”

年轻女人泣不成声，悲痛欲绝。然而，老和尚不但没有开导她、安慰她，反而放声大笑：“哈哈……”

女人被他莫名其妙的笑愣了，不知不觉停止住了哭啼。

老和尚笑够了，问女人：“三年前，来旅游时，你有丈夫吗？”

女人摇摇头。

“三年前，踏上这普陀山时，你有女儿吗？”

女人再次摇头。

“那么，你现在不是与三年前一模一样了吗？三年之前，你独自一人来到岛上，是来自杀的吗？”

女人愣住了。

老和尚说：“三年前，你既无丈夫，又没女儿，一人来了这里。现在，你与三年前一模一样，仍是独自一人。今天，就像三年前那一天的延续，只不过是还原了一个你自己。所以，为什么不能重新开始？你增长了人生阅历，或许有更美好更圆满的生活在等着你。”

女人嗫嚅：“我……”

“你还是你！”老和尚斩钉截铁地说。

“我就是我？我就是我……”女人像是发现了新大陆：“敢情，我不是别人，不用为别人活着，我就是我！”

禅告诉你答案

人很容易迷失自己，当了官，以为官就是自己；有了名，以为名就是自己；赚了钱，以为钱就是自己……我们应该时常问一问，没有这些附加物以前，我是谁？有了这些东西之后，谁是我？如此，起码我们能生活得快乐一些。

人生在于你的定位

有五个青年结伴来到一座禅院，向禅师询问生命的意义。禅师对他们说："你们还有半年的生命了。在这半年里，我乞求佛祖保佑你们想得到什么，就能得到什么。"

第一个青年想："反正我只能活半年了，那我就吃遍天下的山珍海味吧。"于是，半年时间他几乎都是在饭店度过的。

第二个人连想都没想，就背起行囊，游遍天下名胜古迹。

第三个人一心想当官，果然当上了自己想得的官职。

第四个人则利用这半年的时间，写成了一部恢弘巨著。

第五个人一听说自己只有半年时间，他心灰意冷，昏昏沉沉地睡了六个月。

半年后，他们都没死，很生气。于是就结伴来找禅师算账。禅师则对他们说："说你们只能活半年，是和你们开个玩笑。我想告诉你们的是：命运还是得由自己来掌握。"

禅告诉你答案

一分耕耘，一分收获。人生的好坏成败，关键在于自己如何定位和把握。

起起落落是常态

有一位富翁整日闷闷不乐、愁眉不展。

一天，富翁贴出告示：谁能够给完美人生一个准确答案，而这个答案必须能够适用在任何一种情况，包括失意、得意、快乐、烦恼、成功、失败……

几天里来了许多人，给出了许多答案，但没有一个答案令富翁满意。

这一天，来了一位尼姑。她对富翁说："三天内我一定可以给你一个完美而又令你满意的答案。"

三天后，尼姑献给富翁一张纸条，只见上面写着：

"一切都会过去。"

禅告诉你答案

人生本来就有起有落、有得有失、有好有坏，这原本是生命的常态；然而这一切都将过去。所以在逆境时，千万不要自暴自弃；在顺境时，也绝对不可得意忘形。

放下！放下！还是放下！

佛陀在世时，有一位名叫黑指的婆罗门来到佛前，两手拿了两个花瓶，前来献佛。

佛陀对黑指婆罗门说：“放下！”

婆罗门把他右手拿的那个花瓶放下。

“放下！”佛陀又说。

婆罗门又把他左手拿的那个花瓶放下。

然而，佛陀还是对他说：“放下！”

这时黑指婆罗门说：“我已经两手空空。没有什么可以再放下了，请问现在你要我放下什么？”

佛陀说：“我并没有叫你放下你的花瓶，我是要你放下你的六根、六尘和六识。当你把这些统统放下，再没有什么了，你就能从生死桎梏中解脱出来。”

黑指婆罗门这才了解了佛陀放下的道理。

禅告诉你答案

有人有了功名，就对功名放不下；有了金钱，就对金钱放不下；有了爱情，就对爱情放不下；有了事业，就对事业放不下。有些人肩上的重担，心中的压力，岂止手上的花瓶？这些重担与压力，可以说使人生活过得非常艰苦。必要的时候，佛陀指示的“放下”，不失为一条幸福解脱之道！

没有时间老

佛光禅师门下的大弟子大智，出外参学三十年后归来，正在法堂里向佛光禅师述说此次在外参学的种种经历，佛光禅师总以慰勉的笑容倾听着，最后大智问道："师父，这二十年来，您老一个人还好？"

佛光禅师道："我很好，每天在法海里泛游、讲学、说法、著作、写经，世上没有比这种更欣悦的生活了。我每天忙得很快乐。"

大智关心似的说道："师父，您应该多一些时间休息！"

夜深了，佛光禅师对大智说道："你休息吧，有话我们以后慢慢谈。"

清晨在睡梦中，大智隐隐中就听到佛光禅师的禅房传出阵阵诵经的木鱼声。白天，佛光禅师总不厌其烦地对一批批来礼佛的信众开示，讲说佛法，一回到禅堂不是拟定信徒的教材，便是批阅学僧的心得报告，每天总有忙不完的事。

好不容易看到佛光禅师刚与信徒谈话告一段落，大智忙过来抢着问佛光禅师道："师父，分别这三十年来，您每天的生活仍然这么忙碌，怎么都不觉得您老了呢？"

佛光禅师道："我没有时间觉得老呀！"

"没有时间老"，这句话后来一直在大智的耳边回响。

禅告诉你答案

世人，有的还很年轻，但心力衰退，他就觉得老了；有的年寿已高，但心力旺盛，仍感到精神饱满，老当益壮。"没有时间老"，其实就是心中没有老的观念。孔子说："其为人也，发愤忘食，乐以忘忧，不知老之将至。"

认真活在当下

有个小和尚，每天早上负责清扫寺庙院子里的落叶，但每次都需要花费许多时间。尤其在秋冬之际，更让小和尚头痛不已。他一直想找个好办法让自己轻松些。后来住持跟他说："你明天打扫之前先用力摇树，把落叶统统摇下来，后天就可以不用扫落叶了。"

小和尚觉得这是个好办法，于是隔天他起了个大早，使劲地猛摇树，这样他就可以把今天跟明天的落叶一次扫干净了。一整天小和尚都非常开心。

第二天，小和尚到院子一看，他不禁傻了。院子里如往日一样落叶满地。住持走了过来，对小和尚说："傻孩子，无论你今天怎么用力，明天的落叶还是会飘下来。"

小和尚终于明白了，世上有很多事是无法提前的，唯有认真地活在当下，才是最真实的人生态度。

禅告诉你答案

许多人喜欢预支明天的烦恼。想要早一步解决掉明天的烦恼。明天如果有烦恼，你今天是无法解决的，每一天都有每一天的人生功课要交，努力做好今天的功课再说吧！

及时把握现在

一个深切渴望能够早日得悟正道的和尚，发誓要到深山中苦修，希望借着山川的空灵之气，洗净自己的心境，让自己得以早登化境。

一天，和尚在山林中行走，边走边苦思一个经书上解不开的难题。突然他闻到了一股腥味，猛一抬头，前面的山路上，赫然有一只吊睛白额的猛虎，正要扑上前来。

和尚大吃一惊，连忙转身撒腿就跑。情急之下，似乎跑得特别得快。那只老虎在后面远远地追着，和尚愈跑愈快，眼看就可以脱出猛虎的威胁了。和尚没有想到自己只顾拼命奔跑，丝毫没看清周围的环境。跑着跑着，他竟跑到了一处悬崖上。和尚仍不肯放弃最后一线希望，他快步冲向悬崖边，往下望去，心中想着，悬崖底下若是深涧，自己冒着危险纵身一跳，或许还可以侥幸逃离虎口。

悬崖底下果然是一道极深的山涧，只不过，水中隐隐约约还露出几段枯木似的东西，漂浮在山涧里。和尚仔细看了看，那些枯木竟然是一大群鳄鱼。

正当他思索着该如何处置眼前状况的同时，那只猛虎已经追到。它倏地往前一扑，和尚没有退路了，只能往山涧中一跳，手中却紧紧地抓着悬崖边垂下的一条树藤，就这样让自己凌空悬吊在崖边。

和尚希望凭着自己的臂力，或许还可以支持一会儿，等到老虎失去耐心离去，可能还有一线生机。

这时候，悬崖边不知从哪儿冒出一黑一白两只老鼠，竟不约而同地啃食起和尚手中握的那道树藤，眼看两只老鼠再啃几下，树藤就要断了，和尚也将落入鳄鱼的口中。

和尚望着那两只老鼠，心中登时醒悟：这两只老鼠岂不象征白天与黑夜，不断地在啃食人们生命的剩余时光；而老虎、鳄鱼，则是自己一直不愿去坦然面对的恐惧。在生命即将结束的这一刻，和尚终于领悟到生命中最重要的，就是要让自己活在当下。

就在这一瞬间，老虎、鳄鱼、老鼠全都不见了，和尚好端端地站在山林之中，脸上露出幸福的笑容。

禅告诉你答案

时间飞逝,如果我们不及时把握,就会错失很多良机。所以,我们要把握现在,活在当下。而不能生活在过去和未来之中。

一切都会过去

一次,佛陀经过一片森林,那一天非常炎热,而且是日正当午,他觉得口渴,就告诉侍者阿难:“我们不久前曾跨过一条小溪,你回去帮我取一些水来。”

阿难回头去找那条小溪,但小溪实在太小了,有一些车子经过,溪水被弄得很污浊,水不能喝了。

于是阿难回来告诉佛陀:“那小溪的水已变得很脏而不能喝了,我们继续向前走,我知道有一条河离这儿才几里路。”

佛陀说:“不,你还是回到刚才那条小溪去。”

阿难表面遵从,但内心并不服气,他认为水那么脏,只是浪费时间白跑一趟而已。他走了一半路,又跑回来说:“您为什么要坚持?”

佛陀不加解释,语气坚决地说:“你再去。”

阿难只好遵从。

当他再来到那条溪流旁,那溪水就像它原来那么清澈、纯净,泥沙已经流走了。阿难笑了,提着水跳着舞回来,拜在佛陀脚下说:“师父,谢谢您给我上了一课,现在我知道没有什么东西是永恒的,只需要耐心。”

禅告诉你答案

世间万物皆流，一切皆变，没有永恒：一切都是相对的，一切都是暂时的。一切都会成为过去，包括幸福和苦难、聚和散。用变化和发展的观点看待一切事物，在人世间就会泰然处之。

处处为家

唐朝丹霞禅师想去拜见马祖禅师。

路上，碰到一个白发苍苍的老人和一个梳着发髻的童子。

丹霞禅师见老者器宇不凡，因此向前恭谨地问："您老人家住在哪里呢？"

老人用手一指上下，回答："上是天，下是地。"意思是说宇宙之内都可以为家。

丹霞禅师追问："可是，如果遇上天崩地陷可怎么办呢？"意思是说宇宙天地毁灭了看你怎么办。

老人高声呼叫："苍天！苍天！"意思是说宇宙天地是空灵长存的。

童子就在旁边"嘘"了一声，这嘘声的意思是透露自家本性的住处是不生不灭的。

丹霞禅师大为赞叹："如果不是他的父亲不会有这样的儿子。"

老人与童子随即入山而去。

住，我们要住何处？慈航法师说："只要自觉心安，东西南北都好"。所以上是天，下是地，处处无家，处处为家。

禅告诉你答案

世间很多人把自己住在声色货利里，住在功名权力里，而声色货利和功名权力都在变异不停，哪里能平安无事地安稳居住啊？人如果能够肯定自己，不被滚滚红尘牵着鼻子走，心存定力，那么天崩地裂又能奈何呢？

不必强行去改变

有位医术高明的施主，不但热心救人，并且收费低廉，远近的居民都喜欢找他医病。

一天，来了位半身不遂的白发老翁，坐在轮椅上，由儿子推着走。

“无论怎样，拜托你救救我父亲……”四十多岁的大男人，哭得像婴儿一般。

医生仔细量脉搏、血压，做了心肺检查后，开了一张药方，并仔细叮咛：“回家以前，不妨上三楼佛堂坐坐。”

男人听了一头雾水，只当医生是在安抚患者情绪，没放在心上。

匆匆地过了两个月，男人又推着老父来就诊。仔细检查、开药方后，医生再度嘱咐他陪父亲去三楼佛堂坐坐。

但男人依旧没在意，拿了药便推父亲走，心想这个医生还挺啰唆的。

直到第三次开完药方后，医生拦住他，按下电梯一同前往三楼佛堂：八平方米大的空间里，除了清水和两碟笑香兰之外，橙黄的酥油在供桌上无烟焚烧，沉睡在火焰的梦里。

医生指着前方说：“每盏灯都需要灯芯，有最好的油灯却没灯芯，还是无法燃烧。每当油快要烧光，灯芯剩下一小截时，我就会想：再添些油到容器里，应该可以延长灯芯的寿命吧，于是我真的这么做了……结果你们猜想怎样？”

看着满脸疑惑的父子二人，他说：“我总是贪心地倒进太多油，结果不是火焰变得极微弱，就是灯芯根本烧不起来，试过好几次以后，我才明白，要让灯芯发出最自然的光芒，只有一个方法，就是在容器内注满油，让灯芯一路烧完，油尽灯枯，再重新添入新油，换上新灯芯，这才是点灯的正确方法。”

男人恍然大悟，默默点头，含泪推着轮椅上的老父离去。

禅告诉你答案

容器好比是命运，油仿佛我们身处的世界，而灯芯就像是肉体躯壳一样。油灯将残，就让它残吧，花之将萎，任它枯萎吧，残败枯萎只是一种自然，我们没有必要去强行改变自然的进程，我们所需要就是正确面对这自然的进程达观地生活。

是聚是散应随缘

从前有个书生，和未婚妻约好在某年、某月、某日结婚。到那一天，未婚妻却嫁给了别人。书生受此打击，一病不起。家人用尽各种办法都无能为力，眼看奄奄一息。

这时，路过一游方僧人，得知情况，决定点化一下他。

僧人到他床前，从怀里摸出一面镜子叫书生看。

书生看到是茫茫大海，一名遇害的女子一丝不挂地躺在海滩上。

路过一人，看一眼，摇摇头，走了……

又路过一人，将衣服脱下，给女尸盖上，走了……

再路过一人，过去，挖个坑，小心翼翼把尸体掩埋了……

疑惑间，画面切换，书生看到自己的未婚妻。洞房花烛，被她丈夫掀起盖头的瞬间……

书生不明所以。

僧人解释道：那具海滩上的女尸，就是你未婚妻的前世，你是第二个路过的人，曾给过她一件衣服。她今生和你相恋，只为还你一个情。但是她最终要报答一生一世的人，是最后那个把她掩埋的人，那人就是她现在的丈夫。

书生大悟，“刷”地从床上坐起，病痊愈了！

禅告诉你答案

什么是缘分？没人能说清。如果你相信缘分的存在，就应该明白，缘分这东西不可强求，该是你的，早晚是你的，不该是你的，怎么努力也得不到。是聚是散都应随缘。

享受每一次

从前，在山中的庙里，有一个小和尚被要求去买食用油。在离开前，庙里的厨师交给他一个大碗，并严厉地警告：“你一定要小心，你绝对不可以把油洒出来！”

小和尚答应后就下山到城里去厨师指定的店里买油。在上山回庙的路上，他想到厨师凶恶的表情及严厉的告诫，愈想愈觉得紧张。小和尚小心翼翼地端着装满油的大碗，一步一步地走在山路上，丝毫不敢左顾右盼。

很不幸的是，在他快到庙门口时，由于没有向前看路，结果踩到了一个坑。虽然没有摔跤，可是却洒掉三分之一的油。小和尚非常懊恼，而且紧张得手都开始发抖，无法把碗端稳。当他回到庙里时，碗中的油就只剩一点儿了。

厨师拿到装油的碗时，当然非常生气，他指着小和尚大骂："你这个笨蛋，我不是说要小心吗？为什么还是浪费这么多油，真是气死我了。"

小和尚听了很难过，开始掉眼泪。另外一位老和尚听到后就跑来问是怎么回事。了解以后，他就去安抚厨师的情绪，并私下对小和尚说："我再派你去买一次油。这次我要你在回来的途中，多观察你看到的人和事物，并且需要跟我做一个汇报。"

小和尚想要推卸这个任务，强调自己油都端不好，根本不可能既要端油，还要看风景、做汇报。

不过在老和尚的坚持下，他只有勉强上路了。在回来的途中，小和尚发现其实山路上的风景真是美。远方看得到雄伟的山峰，又有农夫在梯田上耕种。走不久，又看到一群小孩子在路边的空地上玩得很开心，而且还有两位老先生在下棋。就在边走边看风景的情形下，不知不觉就回到庙里了。当小和尚把油交给厨师时，发现碗里的油装得满满的，一点都没有少。

禅告诉你答案

其实，我们想要比较快乐地过日子，也可以采纳老和尚的建议。与其天天在乎自己的成绩和物质利益，不如每天努力在上学、工作和生活中，享受每一次经验的过程，并从中学习成长。

快乐在哪里

有一位小和尚向一位禅师请教关于快乐之事，禅师没有直接回答，而是对他讲了一个关于庄周梦蝶的故事。

有一天黄昏，庄周一个人来到城外的草地上，他很久都没有这样放松了，他一直被迫在痛苦中生活，因为没有人能够真正了解他。

庄周必须强迫自己摒除杂念，因为只有那样做，他才能不去想别的事情，才能完全沉浸在自己的生活状态中。

庄周仰天躺在草地上，闻着青草和泥土的芳香，尽情地享受着，不知不觉就睡着了。

庄周做了一个梦，在梦中，他变成了一只蝴蝶，身上色彩斑斓，在花丛中快乐地飞舞。上有蓝天白云，下有金色的土地，还有和煦的春风吹拂着柳絮，花儿争奇斗艳，湖水荡漾着阵阵涟漪……他沉浸在这种美妙的梦境中，完全忘记了自己。

突然，庄周醒了过来，完全不能区分现实和梦境。当他认识到这只是一个梦的时候，他说："庄周还是庄周，蝴蝶还是蝴蝶。"

很长时间以后，他终于幡然醒悟：原来那舞动着绚丽的羽翅、翩翩起舞的蝶儿就是他自己。然而现在他还是原来的庄周，和原来没有任何的变化，只不过现在他的心态和原来不一样了。但就是享受那片刻的梦境，对他来说也是一种莫大的幸福。

故事讲完后，禅师对小和尚说："一只小小的蝴蝶飞入了庄周的心，这样的小事也能让他快乐，还有什么事能让他忧愁呢？"

小和尚听完禅师的话，终于明白了快乐的道理。

禅告诉你答案

快乐在哪里呢？其实，快乐就在我们的身边。快乐是无处不在的，只要我们愿意去寻找快乐，哪怕从一件很小的事中，我们也能找到并体会快乐。

第三章

CHAN
GAOSUNI DAAN

禅告诉你超然物外的心态

人生之事，宠辱相连，得失相间，福祸相依，安危相赖。但如果我们以一种超然物外的禅慧去看待，我们就能够笑看云起云落，做到宠辱不惊，物我皆忘，处变不惊，随遇而安，清楚地主宰自己的生活，欢愉地担当自己的主人，快乐地活出生命的价值，幸福地追寻人生的真意。

但求身心洒脱

唐朝，隐居在湖南南岳的一个岩洞里的懒瓒禅师写有一首诗："世事悠悠，不如山丘，卧藤萝下，块石枕头；不朝天子，岂羡王侯？生死无虑，更复何忧？"诗意表明了他洒脱的生活态度。

后来这首诗传到唐德宗的耳朵里，德宗很想见识这位禅师，就派大臣去迎请禅师。大臣找到那个岩洞，正好瞧见禅师在洞里喝酒。大臣在洞口大声呼叫："圣旨驾到，赶快下跪接旨！"但懒瓒禅师却装聋作哑丝毫不理睬。

大臣探头看去，只见禅师用牛粪生火，炉上烧的是地瓜，洞里洞外黑雾缭绕，熏得禅师直流鼻涕，侍卫忍不住叫道："喂！禅师，你的鼻涕流下来了，怎么不擦一擦呢？"

懒瓒禅师头也不回地答道："我才没有空闲为俗人擦拭鼻涕呢？"随即夹起炙热的地瓜往嘴里送，并连声说道："好吃！好吃！"

大臣见状，惊奇得目瞪口呆。禅师还顺手捡了两块递给大臣，并说道：“请趁热吃吧！三界唯心，万法唯识，贫富贵贱，生熟软硬，心田识海中不要把它们分在两边。”

禅师这些奇异的举动和难懂的佛法，令大臣不敢回答，只好赶回朝廷，如实报告皇上。德宗听了感慨地说：“国家有这样的禅师，真是大家的福分啊！”

如懒瓒禅师这样，遇到皇帝的宠召，却视如阎王的招魂；宝物的赏赐，却看作拖累负担。这实在是一个超越人间的圣僧了。

禅告诉你答案

出家人中，有人间的僧人，也有独居的僧人。人间僧人弘法利生，服务社会；独居僧人深山岩穴，清净修道。有些人间僧人是人在红尘，但心在山林；有些独居僧人是人在道场，但心在世俗。无论怎样的僧人，有一个共同点，那就是：泰然观世界，洒脱看人生。

一坐四十年

宋朝的惟则少年出家后，在浙江天台山翠屏岩的佛窟庵修行。他用落叶盖屋顶，结成草庵，以清水滋润咽喉，每天只有在中午才采摘山中的野果来充饥。

有一天，有位樵夫路过佛窟庵，看到一个修道老僧，十分好奇地向前问：“请问您在这里住了多久了？”

佛窟禅师回答：“大概已经有四十个寒暑了。”

樵夫惊异地又问：“您一个人在这里修行吗？”

佛窟禅师点了点头，说：“丛林深山，一个人在这里都已经嫌多了，还要很多人做什么呢?”

樵夫接着又问:“那您没有朋友吗?”

佛窟禅师以拍掌做声,这时,很多虎豹从庵后出来,樵夫感到很恐惧,佛窟禅师立刻说不要害怕,示意虎豹退到庵后。

然后,禅师说:“朋友很多,大地山河,树木花草,虫蛇野兽,都是朋友啊。”

见到这情景,樵夫大为感动,自愿皈依作为禅师的弟子。佛窟对樵者扼要地讲了佛法的要旨,樵者心领神会。

从此之后,不少人纷纷来到佛窟庵学习禅理。翠屏岩上白云飘空。草木迎人,虎往鹿行,鸟飞虫鸣,而佛窟学也逐渐成了一个禅宗派别。

禅告诉你答案

一坐就是四十年,用普通的常识看,四十年绝对是漫长的岁月,但对于体悟无限时间、进入永恒生命、已经融入大化中的禅师来说,这只不过是一瞬之间而已。在禅者的心中,一瞬间和四十年,并没有什么差别。

生命的价值何在

有人说:“世间充满着苦”,他们说世间只有苦的生起、苦的安住、苦的熄灭。这样的说法没有错,但令人难以理解。

可是,佛陀的回答是:世间充满着“空”。世间都是“空”的,没有什么是“我”或“人”。因此,不要只满意“世间只有苦,没有什么不是苦”的回答,而认为这说法是对的。这说法确实是正确的,但太过含糊,一不小心就错了,因为只要对一切事物都不执著,就一点也不苦了。

要充分了解世间和构成世间的任何东西，本身并不是苦，是人们起了执著才有苦，如果没有执著就无苦。因此不可以说生命是“苦”或“不苦”，若只说“生命是苦”，那么是太肤浅，且太过简化了。

如果我们知道怎样把生命当成工具，用它来认知世间、世间的起因、世间的灭尽和到达世间灭尽的修行之道，那么生命就有价值了，它已成为学习、修行和获取成果的根据地，同时也是用来了解人类所能达到的至高无上的境界。

生命真的有意义，但是对不知如何利用它的傻瓜而言，生命一点价值也没有。

禅告诉你答案

世间充满着什么？从某个角度看，你会说它充满着“苦”，或简单地说“它是苦”，但从较高层次的角度看，你可以说它什么都不是，只有无止境的生、住、灭，生、住、灭……

解脱才能自由

法庆禅师的侍者感慨地说：“古人在生死中那么任性，实在好奇怪啊！”

法庆禅师因而回答：“我坐化时，你可用话唤醒我，如果叫得回来，我也就是生死自在的人了，奇怪，也不奇怪。”

侍者看看禅师，禅师作预言赞颂说：“今年五月初五，四大将离本主；白骨当风扬却，免占檀那地土。”

时光迅速，到了五月初五，禅师就将所有的衣物交给侍者供僧结缘，刚听到初夜的钟声，就趺坐圆寂，脉搏停止，呼吸全无，侍者记取当时的谈话，就呼唤：“禅师！禅师！”

许久，法庆睁开眼睛，问：“做什么啊？”

侍者说:“禅师为什么不将衣帽鞋袜穿好而去?”

法庆说:“当初来时,我根本就不曾带什么呀!”

侍者一定要将衣服给法庆禅师穿上。

法庆说:“一点都不肯留给后人。”

法庆写了一个诗偈:“七十三年如掣电,临行为君通一线;铁牛蹿跳过新罗,撞破虚空七八片。”写完就坐化了。

禅告诉你答案

人生是赤裸裸而来的,那么如果能赤裸裸地去面对生死,就能从容放下,做到解脱自由。

吉祥草的秘密

有一位孤寡的母亲,膝下只有一子。这位母亲对于独子疼爱有加,生怕一个闪失,失去了唯一的希望。

有一年,村落流行一场瘟疫,寡母钟爱的儿子不幸也死于这场瘟疫。伤心欲绝的母亲不能接受这个残酷的事实,每天搂抱着气绝已久的孩子,号啕大哭。

从此妇人就像疯子一般,碰到任何人便悲哀地祈求:“我的孩子死了,天哪!谁能救救我的孩子?”

可怜的妇人活在丧子的悲痛之中,哭断了柔肠,街坊邻居都爱莫能助,不知如何来帮助她。

直到有一天,佛陀到此地宣教说法。许多村人不忍妇人沉沦在痛苦的深渊,把妇人引到佛陀的座前,希望佛陀给她一些启示。佛陀慈悲地看着妇人说:“妇人家,你只要找到一样东西。我就有办法救治你的孩子。”

绝望中的母亲，听到之后怀着无限期盼的眼神对佛陀说“佛陀，只要能救我的孩子，任何东西我都愿意去找。”

“你如果能找到吉祥草，把它覆盖在你孩子的身上，便能起死回生。”

“什么叫吉祥草？要到哪里才采得到呢？”

“吉祥草生长在从来没有死过亲人的人家之中，你赶快去寻找吧！”

怀着一线希望的母亲，锲而不舍，挨家挨户地寻找，每到一户人家，便恭敬地双手合十问道：“请问你家曾经死过人吗？你家里有吉祥草吗？”

“我家没有种植什么吉祥草。数月前我家老人才刚刚过世。”

问了很多人家，就是没有一户不曾死过亲人的。妇人失望极了，世间之大，竟然没有一个人能够救她的孩子。佛陀于是开导她说：“你终于明白，任何人家没有不曾死过亲人的道理。世间上一切万物，有生必有死，有生必有灭，诸行无常的生灭现象，是自然的法则。因此你儿子的死亡，也是一种必然的实相。”

禅告诉你答案

人生的无常，一如风云的变幻。了解了人生的无常，不是让人消极、悲痛、放弃一切希望，而是让我们觉悟以求解脱，以“凡事如何不喜欢”的态度面对。这样，我们的心情自然能获得永恒的喜悦。

父死，子死，孙死！

在日本，有一个富商非常敬重仙崖禅师，请禅师写一些祝福的话，祝福他的家族永远兴旺。富商想把这些话作为传家宝，世世代代传下去。

仙崖禅师展纸研墨，大笔一挥，写下六个字：

父死，子死，孙死！

富商看了，非常生气：“我是请您写一些祝福我家世代幸福的话，你怎么开这么大的玩笑？”

仙崖禅师认真地说：“我没有一点开玩笑的意思。”

富商疑惑不解地问：“这是怎么说呢？”

仙崖禅师说：“这里面的道理再清楚不过了！你想想看：假如你的儿子在你前面死，白发人送黑发人，你将十分悲痛；假如你的孙子在你儿子前面死，你和你的儿子都会更加悲痛。假如你的家人一代一代地，按照我所写的次序死，这就叫享尽天年，这才是真正的兴旺啊！”

富商听了，为自己的失态深感羞愧。他用高额的礼金，酬谢禅师的教诲。

一个人如果能够依照自然的寿命过完这一生，没有什么意外不幸的事件发生，那就是莫大的福分。仙崖禅师的书法，正印证了他自己所说的那句话：“生命，乃是死亡的开始。”

禅告诉你答案

勘破了生死，超越了生死，就能生得更自在，死得更从容，就能生如春花之绚烂，死如秋叶之静美。

看透生死之间

天皇道悟禅师在径山禅师处参学五年后，到处云游，当他云游到石头希迁的道场时，请示说：“如果超脱定慧以外，请问你还能告诉别人什么吗？”

石头禅师回答：“我这里木来就没有束缚和压迫，谈超脱，请问要超脱什么呢？”

道悟禅师不满意这样回答，说：“你说这样的话，教人如何了解呢？”

石头禅师反问说："你是否懂得'般若真空'呢？"

道悟禅师点点头说："关于这一点，我早就有心得了。所谓真空不碍妙有，妙有不碍真空。"

石头禅师表示非常失望地说："想不到你也是那边过来的人！"

道悟禅师赶快否认说："我不是那边的人！因为有了'那边'，就有'这边'，你的意思是我的来处还有踪迹吗？"

石头禅师肯定地说："我早就知道你的来处了。"

道悟回答："你没有证据怎么就诬赖我！"

石头禅师哈哈大笑，指着道悟说："你的身体就是证据，那不是有来处吗？"

天皇道悟低下头，沉思许久，再问石头希迁禅师说："你的话虽这样说，来处自他来，去处自他去。我现在只请你告诉我，我们究竟应该拿什么去启导后人呢？"

石头禅师大声喝道："请问！谁是我们的后人呢？"

天皇道悟禅师听了石头禅师之言豁然大悟。

禅告诉你答案

石头希迁禅师和天皇道悟禅师两个人所谈的这边那边，主要是指在生死轮回中流转之意。"我知道你是从那边来的"，这是指仍在生死迷妄之中，所谓证据，处于生死轮回中的身体不就是证据吗？天皇道悟经过深思，承认了自己还没有超脱，所以说："来处自他来，去处自他去。"这就是生死由他的意思啊，但是天皇道悟又挂念后人，前前后后，生生死死。此则生死如何得了？难怪石头禅师要喝问："谁是我们的后人？"石头大师的这一句话有如天边轰然的一棒响雷，乌去密布中撕开天幕的闪电一样。在解脱者的眼中，自他一体，自觉就是觉他，哪里有什么前人后学、束缚和压迫呢？这无非都是自心的妄念吧！

该来的终会来

生与死是佛学中最热点的话题，因为每个人都会关心生死之事，领悟了生死之事才能真正地成佛。

弟子向禅师问道："师父，您能不能谈一谈关于生死的事？"

禅师说："你死过吗？"

弟子说："我没有死过，所以才向师父请教。"

禅师说："如果你想知道生死之事，那么你只有亲自死一回才能知道。"

弟子默然。

禅告诉你答案

关于生死之事，完全不必要担心，该来的终归会来，不会来的追也追不到。

珍惜眼前更重要

有个人，在他童年的时候，母亲就因为想不开而自杀身亡。母亲自杀的时候，他正好看见了，于是在他幼小的心灵中就留下了阴影，这种阴影一直无法从他心中抹去。

在他 15 岁的时候，弟弟也自杀了。亲人接连不断地死亡给了他一种错觉："死亡才是人的最终去处。"于是他也尝试死亡，但是屡次得救。报恩寺的住持看他可怜，将他收容在寺中，但是他认为自己没有任何用处，留在人间只能是痛苦,还不如一死了之。

一天,住持去看望他,见他神情委靡,便对他说:“我不能救你,你要自救!你可以每日坐禅,但是我要告诉你的是,坐禅其实是没有用的。”

那人疑惑地问道:“既然没有用,那为什么还要坐禅呢?”

住持回答道:“就是因为没有用,所以才要坐禅呀!”

那人顿悟了:“人活着不是为了用处,而是为了生存。”

死亡本身并没有什么可怕,死了就死了,不必恐惧,不必担心,只是把自己的事交给别人处理,这是一种不负责任的态度。人应该为自己的事负责,而不是把自己的事交给别人!

禅告诉你答案

人活着不是为了用处,而是为了生存。死亡容易,生存却难,生存得好一些更难!所以,珍惜眼前,才能够把握人生。

随他去,不要管

有一位美丽的姑娘,决心要参禅悟道,因此向一位老禅师请教说:“禅师!我要怎样才能参禅悟道呢?”

禅师看看她,心想:这么漂亮的女孩子,尘世里的羁绊纷扰一定很多,怎么能参禅悟道呢?因此就教她一句诀:“随他去,不管他!”

这么一句诀无非是要她止息心外的纷扰,得以明心见性,证悟佛法。而这位姑娘,不负禅师的指导,紧紧记住这句诀,努力地参究。

有一天,有人转告她,男友来找她。

她说:“随他去,不管他!”

不久,美国大学寄来入学通知书,她也不看,说:"随他去,不管他!"

有一天,母亲打来电话:"你为留学买的爱国奖券,中了特奖。"她还是一句:"随他去,不管他!"

经过多次的"随他去,不管他!"终于冲破了一道又一道的难关。有一天,无意之中看到她童年时候和老祖母的合照,发黄的相片中那个天真可爱的小女孩,就是自己。她想:"再过几十年,自己不也和老祖母一样要埋骨黄泉吗?"

禅告诉你答案

一个转念,她冲破了最后一道"生死的关卡",对她来说,生死不再是那么可怕的事,透过了无常的生死,她悟到不生不灭的究竟安乐,这比起世界虚妄的所有,价值又高了许多。

有和无之间

洞山禅师问云居禅师说:"你不在禅堂用功,到底跑到哪里去了啊?"

"我去爬山了啊!"云居禅师回答。

洞山禅师问:"爬哪里一座山呢?"

"没有一座山值得我爬啊!"云居禅师回答。

洞山禅师问:"你的意思是说,所有的山你都已经爬过了?"

云居禅师说:"也并非这样吧。"

"那么,你总得找个出路啊!"洞山禅师追问。

云居禅师说:"我没有出路的。"

洞山禅师问:"如果你没有出路,又怎么能和我相见呢?"

"假如我有出路,那我就跟老师隔山住了!"云居禅师说。

不久后，洞山禅师又一次问云居禅师："你去哪里了啊？"

云居禅师回答："我去爬山了啊！"

"有没有爬到山顶啊？"洞山禅师追问。

"有！"云居禅师肯定的回答。

洞山禅师再问："山顶上有人吗？"

"没有。"云居禅师照实说。

洞山禅师嘲笑说："可见你根本就没有爬上山顶啊！"

云居禅师不服气，说："如果我没有爬上山顶，怎么能知道山顶上没有人呢？"

洞山禅师说："你为什么不暂住那里啊？"

云居禅师说："我并不是不愿意住在那里，而是那里有人不允许我住！"

洞山禅师哈哈大笑，说："我很早就怀疑你早就到过那山上了。"

山上究竟有人还是无人？云居禅师的答话显得矛盾。时而说山上无人住，时而说山上人不准他住，实际上，这种说法并不矛盾，因为云居禅师在山上找的是真我啊。五蕴山上哪里有真我？五蕴山上哪里有真我常住啊？

禅告诉你答案

从世俗角度看，有和无是迥然不同的两面。但在禅者的眼中，有和无并不是对峙的，有无之间只是一物两面，其间并无鸿沟，能把有和无调和起来认识中道，那就是禅者的智能了。

处变不惊的故事

多年以前，瑞严寺附近的村庄由于地理偏僻，民未开化，人们普遍信奉鬼神。瑞严寺住持云居禅师说："妖魔鬼怪都是由心而生。行正，不怕影邪。只要自己心中无愧，就不招外鬼。”

说来也是，那些在民众中流传的妖魔精怪，为何不敢招惹云居禅师呢？不是么，他每天处理完寺院里的事务，夜间总要到寺外后山的一个黑糊糊的岩洞里坐禅，途中还要经过一片茂密的松林，可他从来没有遇到过魔鬼惊吓。

那是一个伸手不见五指的黑夜，云居禅师像往常一样去坐禅。当他穿越松林之时，突然，低垂的树枝间伸出了两只爪子之类的东西，抓住了云居禅师的光头！

天哪，这完全出乎预料的、突如其来的袭击，足以令人魂飞胆破！然而，云居禅师既没有吓得哇哇大叫救命，撒腿就跑，更没有心惊胆战，骇得半死。他毫不惊慌，静静地站立在原地，任那东西在自己的光头上抚摸……

他的镇静自若，反而将那东西吓了一跳，急急忙忙缩了回去。云居禅师若无其事地继续坐禅去了。

他走远之后，一个黑影从树上蹿下来，惊慌失措地跑回了村里。原来，村里的年轻人想看看云居是否真的不怕鬼神，他们经过周密筹划之后，由一个人夜里潜伏在浓密的松枝上，等云居禅师经过之时，假扮魔鬼，突然摁住他的脑袋。谁知，他们的恶作剧，对于云居禅师竟然毫无作用。他们十分纳闷：一个人在走夜路的时候，本来就有些胆战心惊，突然之间被一个东西抱住脑袋，应该毛骨悚然才对，为什么禅师毫不惊恐慌乱呢？

百思不得其解，年轻人们结伴来找住持，想问个究竟。

一个人说道：“云居大师，您总是说，世上没有鬼神，可是，这附近一带最近很是不太平呢！听说，每天夜晚都有妖魔鬼怪出没，专门吮吸人的脑浆。”

云居禅师像他平时一样，断然否定说：“根本没有那东西，所有的精怪魔境，都是人心变现，是虚假不实的幻影、幻象。”

“可是，有人说他们在走夜路时，真的被魔鬼抱住了脑袋，吓得昏了过去。”

“老衲的光头昨夜也曾被抱住过，但那不是魔鬼，而是有人故意装神弄鬼。并且，老衲还知道，这是你们年轻人以恶作剧取乐，并无恶意。”

“咦，你怎么知道得一清二楚？”

云居禅师一笑，用手指点着他们的额头说："因为，只有你们年轻人的手，才能伸缩得那么迅捷；你们的血液循环快，所以手才那么热乎！"

几个年轻人惊呆得半晌说不出话来，他们对云居禅师更是佩服得五体投地。

是啊，在那遭受突然惊吓的紧急关头，他老人家居然能从一双手的热度，判断出是年轻人的手！这种定力，可说是泰山崩于前而不动心，利刃架于项而不改色。由此他们也真正明白了，一切唯心造，什么妖魔，什么精灵，都是自己心头的阴影。只要自己心头无病，一切鬼怪都逃遁得无影无踪。

禅告诉你答案

禅僧的定力固然是由修行而来的禅定之力，但更重要的是，他们大彻大悟之后，具有了广大的智慧，勘破了生死，超越了对立，还有什么可惧怕的呢？禅的思维告诉我们：事物总是随缘而变的。以此洞悉，自然能处变不惊。

心平才能气和

梦窗疏石禅师（公元1275～1351年），日本临济宗僧人。他原籍伊势，俗姓源，字梦窗。是宇多天皇的后裔。他正应五年（1292年）出家，受戒后云游诸国，叩访高僧大德，修行于镰仓诸寺。他开始之时并未参禅，而是修"白骨观"。终日静坐观想。有一天晚上，他在睡梦中来到了中国，畅游疏山、石头两座古老的佛刹。有一位长眉禅僧赠给了他一幅达摩祖师的画像，对他说道："尔善事之。"

醒来之后，梦窗禅师感叹道："洞明本心，唯有修禅。"

从此，他改名为"疏石"，开始学习参禅。禅的源流在中国。于是，他乘船航海，饱经风浪，九死一生，总算活着来到了中国。他前去参谒一山一宁禅师。然而，一宁禅师听了他来中国的艰险，以及求法的诚挚，毫不动心，淡淡说道："我宗(禅宗)无语句，也无一法可给人。"

梦窗疏石一下愣住了：自己历尽艰难险阻来中国学禅，难道就为了听到这样两句话？他不甘心，追问道："难道没有方便？"

一山一宁道："本来廓然，是大方便。"

梦窗疏石一听，心中更加憋闷，疑雾重重。他行行复行行，又来到高峰显日大师座下。高峰显日得知他从一山来，问他一山一宁有何指示？他叙说了前缘。高峰显日听后，厉声喝道："你当时为何不说：和尚老眼昏花，年迈迟钝！"

梦窗恍然有省，契入了禅机——修行真正上路了。一天晚上，他坐禅直至深夜，感到有些困倦，就从禅床下来，倚墙而立，站着参禅。或许是身体太劳累了，或许是参禅参得心不在焉，恍恍惚惚中，他的身体忽然一歪，摔倒在地……

然而，就在身子接触到地面的那一刹那，他顿时开悟了。平生积聚在心中的疑惑，泮然冰释。高峰显日大师印证了他的悟境。

梦窗疏石禅师回到日本后，大弘禅宗，影响日盛。正中二年(1325年)，他应后醍醐天皇召请，住于京都南禅寺、镰仓圆觉寺，禅风浩浩，门庭兴隆，弟子众多。其法系形成梦窗派(一称嵯峨门派)，并缔造了五山文学之最盛时期。被天皇敕赐"梦窗"、"正觉"、"心宗"等国师称号。

这样一位出身高贵、名满天下、深受天皇尊崇的国师，却以自己禅者特有的宽容与大度，甘愿受一个普通武士的侮辱。

一次，梦窗国师从郊外回京都，在乘船渡河时，渡船已经开航，离开了河岸。这时，岸边急匆匆跑来一位武士，高声叫喊，让船家掉转船头，载他过河。渡船上所有的乘客都说，开航的船回头不吉利。船夫便对武士示意，请他耐心等待下一班渡船。武士急得在码头上直跳，狂呼哀求不止。这时，一直默默静坐的梦窗国师双手合十，对乘客们说："看样子，这个人真的有急事。诸位檀越，我们大家都出门在外，应该理解他的心情。好在刚刚开航，离开码头不远，请大家与他换位想一想，给他行一个方便吧。"

船夫早就认识梦窗国师，见他老人家说了话，就掉转船头，回去将武士载了上来。谁知，这个武士一跳上船，发现船上没了座位，便来到梦窗身边，毫无礼貌地呵斥道："和尚，你的衣食都是我们供养的，赶快给我让开座！"

就算是利刃加项，禅师们也总是从从容容。所以，梦窗一如既往，徐徐站立起来。心情浮躁的武士却嫌他行动缓慢，挥动皮鞭抽在国师脸上。全船乘客都对这个无礼的家伙怒目相向，几个年轻小伙子摩拳擦掌凑了过来，想要狠狠教训他一顿，却被梦窗国师微笑着制止了。渡船到达彼岸，梦窗国师若无其事地跟随大家下船，独自走到河边，默默用水清洗脸上的血迹。这时，武士从其他乘客口中得知，正是那个和尚求情，自己才搭上了这一班渡船。他很为自己的恩将仇报而后悔，立刻去向梦窗道歉。梦窗心平气和地说："没什么。出门在外，大家的心情都很焦躁。这时候，需要的是互相理解。"

说完，梦窗国师飘然而去。武士愈发羞愧难当，禅者的风度，令他无地自容。

禅告诉你答案

精神到处文章老，学问深时意气平。平常人的风度，是与其修养、学问密切相关的。长者宽容后辈，因为他是长者；宰相肚里能行船，因为他是宰相；禅师宠辱不惊，因为他是禅师。

如如不动，不起心念

一休（公元1394～1481年）禅师，六岁投安国寺出家，是日本室町时代临济宗奇僧。他法名宗纯，别号狂云子。相传，他是后小松天皇的私生子。

一休从小聪慧绝伦，他在给像外鉴禅师当侍者时，有一位小师弟只有七八岁，在为师父打扫房间时，不小心将师父心爱的茶壶打碎了。要知道，像外鉴禅师最爱品茶，对这把使用多年的茶壶更是视为珍宝，每天都要用它喝茶。小师弟知道闯下了大祸，害怕受到师父责罚，战战兢兢躲在墙角哭泣。

一休从外面回来，得知这一情况后，给小师弟擦干泪水，安慰他说："没关系，你去吧，等师父回来，由我来处理。"

一休用白布将碎陶片包好，自己静静地在蒲团上坐了下来。不一会儿，像外鉴禅师归来，一进门，便说口渴，吩咐一休泡茶。然而，等他脱下草鞋，换过衣衫，来喝茶时，茶几上空空如也。一休呢？仍在静静打坐。

"一休，一休。一休！一休……"师父一声比一声嗓门大，一休却像是个木头桩子，一动不动。于是，师父就在他的小脑门上弹了一指。一休这才如梦方醒，一副懵懵懂懂、迷迷糊糊、愣愣怔怔的样子。师父说："打坐睡觉是一大禅病，你可不要养成这个坏习惯。"

一休说："师父，我没睡觉。我是在深入思考一个问题，没有察觉到您回来。"

"噢。什么问题呢，令你这样着迷？"

"我在想，"一休一副若有所思地的样子："世间有什么东西是永久不坏、恒定不变的呢？"

师父哈哈大笑："傻小子，佛说无常，也就是没有一件东西是不变的。"

师父刚刚说完，一休便把茶壶碎片拿了出来，嘻嘻笑着说："师父，您真有先见之明！看，您的茶壶变了。"

像外鉴禅师看看碎片，认真地说道："一只茶壶，能不碎吗？"

聪明的一休忽然感受到，师父的话里蕴藏着电光石火一样绚丽的禅机。而这种机锋，与自己的小聪明有天壤之别！因此，他更注重禅的参修了。

一休23岁时，他前往近江（滋贺县）坚田，跟随华叟宗昙禅师参禅。华叟禅师书写了蕴涵着无限禅意的"一休"二字相赠，他遂即以此为号。华叟的门风极为高峻，一休在他严酷捶打下，功夫突飞猛进。有一天，他在静坐之时，忽然听到一声乌鸦叫，脱然领悟，契入了玄奇的禅机。第二天，华叟对他的开悟偈子大为赞赏，立刻传授给他临济宗的法卷文书。然而，一休鄙视文书徒具形式，弃之于地，扬长而去。

有一天，一休到一位居士家。他看到牛栏里拴着一头老牛，便写了一首偈子，挂牛角上。偈子曰：

异类行中是我是，能依境也境依能，

出生忘却来时路，不识前身谁是僧。

当天晚上，老牛无疾而终。牛的主人找到一休说："师父，你的一首偈子，把我的牛颂杀了。"

一休神秘莫测地哈哈一笑。

禅告诉你答案

一休以机智著称，然而，他那偷换概念的机巧，是聪明，是伶俐，而不是真正的智慧。事物的变化无常，不是调侃的佐料，而是自然规律，所以像外鉴禅师面对心爱之物的毁坏如如不动，不起心念。这才是禅的大智慧。

在乎山水之间

欧阳修（公元1007～1072年），字永叔，号醉翁。他年轻时期，不但诗文学习韩愈，更像这位前辈硕儒一样激烈地排老辟佛，曾经作《本论》三篇，对佛教大肆诋毁攻击。然而，中年以后，这一代文宗、北宋古文运动的领袖，却发生了"信仰危机"，最终被禅的神奇所折服，成为了一位虔诚的佛门弟子——六一居士。

他，一代硕儒，何以归入禅门？

首先打动他的，是禅师们的风采。庆历年间，他第二次被贬出京城，在安徽，他不止一次听说，临济宗高僧浮山法远慧眼通天，禅法深不可测。于是，他专程来到舒州，要亲自看一看，法远的禅法究竟有什么神奇之处。

欧阳修一行登上浮山，来与法远禅师相会。

山门之内，果然是一派清新世界。抬望眼，山色空明，满眼碧染；转回首，古树参天，绿荫匝地。凉荫里，一石桌，四石凳，二棋士，战正酣。

欧阳修是历史上罕见的大才子，苏东坡说他“论大道似韩愈，论事似陆贽，记事似司马迁，诗赋似李白。”此外，他还下得一手好棋。现在，见人家神仙一般悠闲自在地坐在棋盘旁，他不禁灵机一动，请法远禅师就棋理阐述佛法。

大白天，当然没有什么星星。聪慧异常的欧阳修知道法远禅师是在说棋。他低头观看，果然在左上角星位上发现了妙手，能够在对方的太空之中活出一个肥角来。棋局终了，双方竟然下成了围棋中罕见的平局。

法远禅师正色说：“佛法大事，岂能草草？”于是，令人立刻击鼓，僧俗众人齐集法堂。法远禅师高升狮子座，就棋理开示佛法：

“若说修禅这件事，就像两个下棋的人一样，怎么说呢？敌手遇知音，当机不让。如果是推三让四，又一路互通，那只能算一般棋手。只懂得关门求活，不懂得夺角冲关，破局后徒自周折。所以说，肥角易得，瘦肚难守。过分思虑，犹豫再三，往往反而失策，分心旁骛，则会处处碰壁。”

欧阳修暗自惊叹：这老汉，句句不离棋理，却偏偏透露着滚滚禅机……

法远禅师的锐利的目光捕捉住了听得入神的欧阳修，说道：“体夸国手，漫说神仙，赢局输筹即不问，且道黑白未分之时，一着落在什么地方？”

欧阳修大汗淋漓，头脑里一片空白，连一句话也说不出来。然而，他却又分明感到，似乎有一种天地洪荒，宇宙苍茫，混混沌沌、迷迷茫茫的疑团，在他的心灵深处萌生出来，渐渐湮灭了他的整个身心……

一片寂灭中，忽然有电光闪现；一片死寂里，突然有惊雷炸响：

“从来十九路，迷悟几多人！”

是法远禅师，也只能是浮山法远！法远禅师扔下拂尘，跳下法座，扬长而去。

欧阳修万分震惊，嘴张得老大，半晌才合拢上。后来，临下山，他对陪同他前来的同僚说道:“修初疑禅悟为虚诞。今日见此老机缘,所得所造,非悟明于心地,安能有此妙旨哉!”

后来,他又结识了另一个奇僧——云门宗著名禅师圆通居讷。

禅宗云门一派,因其门风险峻,格调高古,所以,非上上根器的大智慧之人实难悟入。同样,反过来说,只要能够契入云门宗旨的禅僧,绝非泛泛之辈。因此,“云门天子”——文偃的子孙,大都是慧心如兰、满腹锦绣的高雅之士。云门下第五代,更是群英荟萃,众星闪烁。圆通居讷禅师,就是其中的佼佼者。他不是名士。却比名士更风雅,他未曾习儒,但比儒士还博学;其行也,宛若云沐清风,舟御流水;其止也,恰似危崖孤松,遗世独立……

当时,江南许多士大夫为圆通居讷的风度所倾倒,追随在他的左右。苏东坡的老爹、大儒苏洵,更是拜倒在了比自己还要小两岁的圆通居讷座下,成为了居讷禅师的入室弟子。皇佑初年(公元 1049 年),欧阳修奉调回京,首先向宋仁宗推荐了圆通居讷禅师,于是,皇帝下诏,敬请居讷禅师进京入宫说法,并住持皇家寺院静因寺。谁知,圆通居讷对这天大的荣耀根本不屑一顾,只是将自己的记室(书记,相当于文字秘书)——怀琏禅师打发到京城,敷衍了事。更令欧阳修意想不到的是,就是那个毫不起眼的怀琏禅师,在宫廷问答时,竟然也能妙语连珠,将深奥的禅法演绎得丰富多彩,使得仁宗皇帝心花怒放,青睐有加。禅宗之神奇,禅门之宏阔,禅海之深邃,由此可见一斑。

不知不觉里,情不自禁地,欧阳修步入了禅门:

夜凉吹笛千山月,路暗迷人百种花。

棋罢不知人换世,酒阑无奈客思家。

一年,他去嵩山游览。大山更深处,绿树掩映里,一座小小禅寺静藏其中。他却去仆从,独自一人走进山门。庭院内,修竹满轩,霜清鸟啼,俨然一片净土。寺中,唯有一老僧在阅读佛经,对欧阳修的到来视而不见,对他的问话听而不闻。欧阳修对他的定力很是好奇,便静静地在老僧对面坐了下来。待到老僧诵完了一卷经书,欧阳修问他:在山里住了多久?老僧说:不记得了,只见山峰黄又绿。

欧阳修又问：古代高僧面临死亡之时，为何皆能谈笑之间泊然而逝？老僧说：无他，定慧之力而已。……欧阳修与老僧谈得极为投机，不知过了多久，直到膝盖生疼，他才发现，自己不知何时竟然屈膝跪在了老僧面前……

嘉祐（公元1057年）之后，欧阳修仕途一帆风顺。官位不断升迁，至枢密副使、参知政事（副丞相）。然而，他向往的却是隐居生活，挥笔写道：

“集古一千卷，藏书一万卷，琴一张，棋一局，酒一壶，一老翁于五物之间，称六一居士。”

禅告诉你答案

欧阳修曾身居高位，也经历了数次被贬，先后两妻亡故，但他“以风节自持”，宠辱不惊，物我皆忘，正是悟到禅的智慧心要：“醉翁之意不在酒，在乎山水之间也。山水之乐，得之于心寓之于酒也。”

面对生命的态度

一个老禅师遇见了一个失恋的女孩，于是，有了下面的一段对话。

禅师：孩子，为什么悲伤？

女孩：我失恋了。

禅师：哦，这很正常。如果失恋了没有悲伤，恋爱大概也就没什么味道。可是，年轻人，我怎么发现你对失恋的投入甚至比对恋爱的投入还要倾心呢？

女孩：到手的葡萄给丢了，这份遗憾，这份失落，您非个中人，怎知其中的酸楚啊。

禅师：丢了就是丢了，何不继续向前走去，鲜美的葡萄还有很多。

女孩：您说我该怎么办？我真的很爱他。

禅师:真的很爱?

女孩:是的。

禅师:那你当然希望你所爱的人幸福?

女孩:那是自然。

禅师:如果他认为离开你是一种幸福呢?

女孩:不会的!他曾经跟我说,只有跟我在一起的时候他才感到幸福!

禅师:那是曾经,是过去,可他现在并不这么认为。

女孩:这就是说,他一直在骗我?

禅师:不,他一直对你很忠诚。当他爱你的时候,他和你在一起,现在他不爱你,他就离去了,世界上再没有比这更大的忠诚了。如果他不再爱你,却还装得对你很有情谊,甚至跟你结婚,生子,那才是真正的欺骗呢。

女孩:可我为他所投入的感情不是白白浪费了吗?谁来补偿我?

禅师:不,你的感情从来没有浪费,根本不存在补偿的问题,因为在你付出感情的同时,他也给了你快乐,你也多了一段经历!

女孩:可是,他现在不爱我了,我却还苦苦地爱着他,这多不公平啊!

禅师:的确不公平,我是说你对所爱的那个人不公平。本来,爱他是你的权利,但爱不爱你则是他的权利,而你却想在自己行使权利的时候剥夺别人行使权利的自由。这是何等的不公平!

女孩:可是您看得明明白白,现在痛苦的是我而不是他,是我在为他痛苦。

禅师:为他而痛苦?他的日子可能过得很好,不如说是你为自己而痛苦吧。明明是为自己,却还打着别人的旗号。年轻人,德行可不能丢哟。

女孩:依您的说法,这一切倒成了我的错?

禅师:是的,从一开始你就犯了错。如果你能给他带来幸福,他是不会从你的生活中离开的,要知道,没有人会逃避幸福。

女孩:什么是幸福?难道我把我的整个身心都给了他还不够吗?您知道他为什么离开我吗?仅仅因为我没有钱!

禅师：你也有健全的双手，为什么不去挣钱呢？

女孩：可他连机会都不给我，您说可恶不可恶？

禅师：当然可恶。好在你现在已经摆脱了这个可恶的人，你应该感到高兴，孩子。

女孩：高兴？怎么可能呢，不管怎么说，我是被人给抛弃了，这总是叫人感到自卑的。

禅师：不，年轻人的身上只能有自豪，不可自卑。要记住，被抛弃的并非就是不好的。去感谢那个抛弃你的人，为他祝福。

女孩：为什么？

禅师：因为他给了你寻找幸福的新的机会。

禅告诉你答案

安然对待命运不是很难，看你如何去想清楚自己。塞翁失马，焉知祸福，当你人生之事总是得失相连时，你就会明白对待生命的态度。

宠辱皆忘的境界

荷泽神会禅师初参六祖慧能大师时，慧能大师问道："你从远处来，路途遥远，太辛苦了。自性禅心带来了吗？可看见本体的法性是什么吗？"

神会禅师道："报告老师：'我'有来去，'自性'没有来去，本体法性，普遍法界，怎可言见，抑或不见？"

慧能大师道："好敏利的词句。"接着拄杖就打了下来。神会并不退缩，反问道："老师坐禅时，是见或不见？"

慧能大师并没有马上回答神会的问话，先用拄杖打了他三下，说道："我打你，是痛或不痛?"

神会回答道："感觉痛，又不痛。"

慧能大师顺着他的口气说道："我坐禅是见，也不见。"

神会不放松，追问道："为什么是见，又不见呢?"

慧能大师开示道："我见，是因为常见自己的过错；我不见，是因为我不见他人的是非善恶，所以是见，又是不见。至于你如果是不痛的话，那么你便像木石一样的没有知觉；如果是痛的话，那么你便像俗人一样会有怨愤之心。我要告诉你，见与不见都是两边的执著，痛和不痛都是生灭的现象。你连自性都摸不清楚，居然还说无来无去?"

神会听后，大为惭愧，立刻向慧能大师行礼。

后来，慧能大师要圆寂时，每一个弟子都放声大哭，唯独神会默默不语，也不哭泣。慧能大师说："为什么你们要哭呢？我很清楚自己要到什么地方去，如果我对自己一无所知，如何能预先告诉你们？只有神会一人超越了善恶的观念，达到了毁誉不动，哀乐不生的境界。你们大家要切记，法性是不会生灭去来的。"

禅告诉你答案

超越了现象达到对本体的认知，就能够达到宠辱皆忘，超然物外的境界。

用心去体验万物

云岩禅师正在编织草鞋的时候，洞山禅师从他身边经过，一见面就说："师父，我可以跟您要一样东西吗?"

云岩禅师回答:“你说说看,要什么东西。”

洞山禅师不客气地说:“我想要你的眼珠。”

云岩禅师很平静地说:“要眼珠?那你自己的眼珠呢?”

“我没有眼珠!”洞山禅师说

云岩禅师淡淡一笑:“要是你有眼珠,怎么安置?”

洞山禅师无言以对。云岩禅师这时才非常严肃地说:“我想你要的眼珠,应该是你自己的眼珠,而不是我的眼珠吧?”

洞山禅师又改变口气道:“事实上我要的不是眼珠。”

云岩禅师终于忍不住这种前后矛盾的说法,便对洞山禅师大喝一声:“你给我出去!”

洞山禅师并不惊异,仍非常诚恳地说:“出去可以,只是我没有眼珠,看不清前途的道路。”

云岩禅师用手摸一摸自己的心,说道“这不早就给你了吗?还说什么看不到!”

洞山禅师终于省悟。

禅告诉你答案

肉眼是观看世间万象、长短方圆、青红赤白的,这种观看只是表面的现象,而心才能观察和体悟到宇宙万物的本体。

依赖别人不如依靠自己

有一个信者在屋檐下躲雨,看见一位禅师撑伞走过,于是就喊道:“禅师,佛法不是讲究普度众生吗,度我一程怎么样?”

禅师道："你躲在屋檐下，我走在雨里；这里有雨，而檐下无雨，何必需要我度你呢？"

信者听禅师这样一说，立刻走出屋檐，站在雨中："现在我也在雨中了，这样你应该可以度我了吧？"

禅师说道："我也在雨中，你也在雨中，我没有淋雨是因为我带伞了，而你淋雨是因为没有带伞。准确地说，不是我度你。而是伞度我。如果要度，不必找我，请自找伞吧！"

那信者站在雨中被淋得浑身湿透，他说："不愿意度我就早说，何必绕这么大的圈子。我看佛法讲求的不是'普度众生'而是'专度自己'！"

禅师听了不但没有生气，反而心平气和地说："想要不淋雨，就要自己找伞。真正悟道的人是不会被外物干扰的。雨天不带伞，一心只想着别人肯定会带伞，肯定会有人帮助自己的，这种想法最是害人。总想着依赖别人，自己不肯努力，到头来必定是什么也得不到。本性是人生来就有的，只不过有的人还没有找到，平时不去寻找，只想依靠别人，不肯利用自己潜在的资源，只把眼光放在别人身上，这样又怎么能够取得成功呢？"

禅告诉你答案

我们都知道，大多数依赖别人生存的人，往往是不尽如人意的，也是很不踏实的。一旦那个别人"失势"，或是出于某种原因不想再帮助你，再让你依赖，你就没着落了，就会陷入困境。只有依靠自己的本领和力量，你才有可能永远立于不败之地。

境由心造

禅宗惠能大师得到衣钵之后，因缘成熟，开始行脚各处，默默弘法。

有一天途经寺庙前，看到两个出家人对着一面幡旗，争得面红耳赤。他上前仔细听，才知道两人在争论幡旗所以会动的原因。

其中一位嚷着："如果没有风，幡子怎么会动呢？所以说是风在动。"

另一位也振振有词，说："没有幡子动，又怎么知道风在动，所以应该说是幡子在动！"

两人各执一词，互不相让，惠能听了，就对两人说："我来做个公正的裁判，其实，既不是风在动，也不是幡子在动，而是两位的心在动啊！"

心迷法华转，心悟转法华；相随心转，境由心造；这是对这则公案生动的诠释。

禅告诉你答案

禅门对外境的观点，完全反求自心；风动也好，幡动也罢，都是见境生心，起心动念的结果。清心好见性，自在步红尘；修持于方寸中，纵容于作为上；我们能清楚地主宰自己的心；就能悟出生活的价值；我们能欢愉地当自己的主人，就能活出生命的如来。

皆因绳未断

一个年轻人来到禅院，他与禅师一边品茶，一边聊天。突然他问了一句："什么是团团转？"

禅师随口答道："皆因绳未断。"

年轻人听了顿时目瞪口呆。

禅师问："你为什么如此惊讶？难道我答错了？"

"不，师父，我惊讶的是您是如何知道的？来的路上，我看到一头牛被绳子拴了犄角缠在树上，它想离开树到草地上去吃草，结果它转过来转过去都不得脱身。师父没看见，怎么一下子就答对了呢？"

禅师微笑着说："咱们说的是两回事。你说的是事，我说的是理。你问的是牛被绳索而不脱，我说的是心被俗物缠绕而难以超脱。一理通百事啊。"

禅告诉你答案

名是缰，利是锁，尘世的诱惑和牵绊都是绳索。芸芸众生就像那头牛一样，被许多烦恼、忧愁、痛苦的绳索缠缚着，生生死死不得解脱。

意念便是转机

有两个人从乡下来到城市，几经磨难，终于赚了很多钱。后来年纪大了，就决定回乡下安享晚年。在他们回乡的路上，佛祖装扮成一位白衣老者，手拿一面铜锣，在那里等他们。

他们说："您在这做什么？"

佛祖说："我是专门帮人敲最后一声铜锣的人。你们两个都只剩下七天的生命，到第七天黄昏的时候，我会拿着铜锣到你们家的门外敲，你们一听到锣声，生命就结束了。"

讲完后，佛祖便消失不见了。

这两人一听完后就愣住了:在城市里辛苦了那么多年,赚了这么多钱,要回来享福了,没想到却只剩下七天好活的日子了。

两人各自回家后,第一个人从此不吃不喝,每天心想:"怎么办?只剩七天可活!"他就这样垂头丧气,面如死灰,什么事也不做,只记得那个老人要来敲铜锣。

他一直等,等到第七天的黄昏,整个人已如泄了气的皮球。

终于,那个老人来了,拿着铜锣站在他的门外,"锵"的敲了一声。一听到锣声,他就立刻倒下去,死了。

为什么呢?因为他一直在等这一声,等到了。也就死了。

第二个人心想:"太可惜了,赚了那么多钱,只剩下七天可活。我自小就离家,从没为家乡做过什么,我应该把这些钱拿出来,分给家乡所有苦难和需要帮助的人。"

于是,他把所有的钱都分给了穷苦的人,又铺路又造桥,光是处理这些事就让他忙得不得了,哪还记得七天以后的铜锣声。

到了第七天,他才把所有的财产都散光了。村民们都很感谢他,于是就请了铜鼓戏到他家门口来庆祝,场面非常热闹,舞龙舞狮,又放鞭炮,又放烟火。

到了第七天黄昏,佛祖依约出现,在他家门外敲铜锣。他敲了好几声铜锣,可是大伙全都没听到,佛祖知道再怎么敲也没用,只好走了。

这个有钱人过了好多天才想起老人要来敲锣的事,心里还纳闷:"怎么他失约了?"

禅告诉你答案

当一个人处于绝望的时候,若能展现积极乐观的一面。承担眼前的一刻,不再担心以后的事情。就不怕哪一天铜锣会响,也不必特别去听那一声铜锣的声音。绝望将不再是绝望,却反而可能是另一个转机呢!

不被欲望牵引

有一次,大学士黄山谷去拜访祖心禅师,见禅师日日轻松安稳,处处安详自在,黄山谷总觉得禅师有处世秘术未曾传授。

一日,他们一起走在山坡上,道路两旁开满了各种鲜花,姹紫嫣红,散发着香气。

祖心禅师向黄山谷问道:"你闻到花香了吗?"

黄山谷望了望山路两旁盛放的栀子、茉莉、百合,再望望崖顶寺院周围满满绽放的桂花,忍不住称赞:"当然闻到了,太香了!"

祖心禅师点点头,笑着说:"所以我并没有对你隐瞒什么呀!"

黄山谷又一怔,忽然了解禅师的意思了——禅,不是言语,不是观念,而是眼前每一时刻的洒脱,是当下每一地方的自在。

因为自己仍有世俗牵挂烦恼,所以在花丛中居然闻不出花香,还要别人提醒才能闻到。

黄山谷又问:"佛经上说的'一体'是什么意思?"

禅师随手捡起一块石头,向树上的鸟打了过去,鸟四散逃开。禅师又用石头重重敲了一下桌子,说道:"鸟属有情,一打就跑;桌子无情,任打仍在,怎么能成为一体呢?只要具有真实的禅心,具有觉悟的慧眼,才能看见人间的种种真相!"

禅告诉你答案

有慧眼才可见真相。如果你的心灵总是被杂念所牵绊,被欲望所牵引,你所认知的事情可能只是假象。

从从容容地放下

2001年2月,两位禅师,在纽约的一家画廊,作了一幅画,来展现禅的艺术。

整个绘画是由一种用在藏药上的细沙画成的。绘画的过程将近一个月。他们每天要画好几个小时,用不同的色彩描绘出禅学和芸芸众生的世界。

整幅图画结构严谨,色彩丰富。绘画用的沙粒,富有层次感,展现了一个圆满博大的世界。

随着绘画程度的深入,围观的人越来越多,画家用彩色沙子绘出来的画也越来越精致。

最后,呈现在人们面前的,是极致的繁华。画家用极其华丽辉煌的绘画,震撼着人们的视觉和心灵,令人叹为观止。

然而,就在人们沉浸在无与伦比的繁华景象中,赞叹不已时,两个禅师突然做出一个令所有人都意想不到的举动!只见他们拿出刷子,将精心绘制的作品,毅然决然地抹掉。

顷刻间,灰飞烟灭,尘归尘,土归土!

刚刚还呈现在人们眼前的到了极致的繁华,顷刻之间,化成了一捧残沙!

之后,他们将这些沙子倒进了一条溪水中。

那些漫天飞舞的人物形象,那些欣欣向荣的生命,那些宏伟的庙宇,那些千姿百态的繁华,都成了禅师手中缓缓流逝的细沙,随风而逝,飘进溪水,溶化,消失,一去不返。

两位僧人以凄美的姿态,将繁华的世界回归于空,让我们大彻大悟:

原来,繁华的背后,只是一捧细沙——任你有倾国倾城的容貌,任你有青春洋溢的年华,任你有如日中天的名气,任你有炙手可热的权势,任你有富可敌国的财产,到头来,再繁华的景象,只不过是一捧细沙!

那么，在面对这一捧细沙绘制出来的繁华时，你是不是还像以往那样痴迷执著？

禅告诉你答案

红尘滚滚，谁也不愿意远离物质世界的繁华。但是，我们必须清醒地认识到：在我们短暂的一生中，所创造所经历的一切繁华，实际上都不过是一捧细沙。看透了繁华不过是一捧细沙，就可以从容洒脱地放下。

第四章

CHAN
GAOSUNI DAAN

禅告诉你宽恕包容的气度

我们的生命要学会包容每一个他者，不论其善恶，所以生命海阔天空。拥有了宽恕包容的禅则，我们的人生就会变得与众不同。俗话说，海纳百川，有容乃大。宽容是人类性情的空间，这个空间越广大，我们的性情愈有转折的余地，就愈加不会动肝火、闹情绪，愈加不会纠缠于无谓的小事，而让生命成其大者。具有宽恕包容性格的人，到处可以契机应缘，和谐圆满，让人生之路处处充满微笑。

有容乃大

林则徐曾经说过："海纳百川，有容乃大。"人就像大海一样，只有广泛吸取周围的河浪，包容天下的雨水，它才会那样广阔无垠，如果人不愿像大海一样心胸宽广，而愿像羊肠小道那样心胸狭窄，不愿容纳别人的一点过失，更不愿汲取别人的一点教训，那么他永远都是井底之蛙，看不到广阔的天空。

人非圣贤，孰能无过。面对别人的过错，明智的人会选择宽容，既容许人犯错误，那么更容许人改错。而愚蠢的人会选择冷嘲热讽。他们会锱铢必较，给犯错误的人无情的攻击，那么此时想改错的人心中便会产生一种愤恨——为抵抗指责的愤恨。

一位德高望重的长者，在寺院的高墙边发现一把座椅，他知道有人借此越墙到寺外。长老搬走了椅子，凭感觉在这儿等候，午夜，外出的小和尚爬上墙，再跳到“椅子”上，他觉得“椅子”不似先前硬，软软的甚至有点弹性。落地后小和尚定睛一看，才知道椅子已经变成了长老，原来他跳在长老的身上，后者是用脊梁来承接他的。小和尚仓皇离去，这以后一段日子他诚惶诚恐等候着长老的发落。但长老并没有这样做，压根儿没提及这“天知地知你知我知”的事。小和尚从长老的宽容中获得启示，他收住了心再没有去翻墙，通过刻苦的修炼，成了寺院里的佼佼者，若干年后，成为这儿的长老。

宽容不仅需要“海量”，更是一种修养促成的智慧，事实上只有那胸襟开阔的人才会自然而然地运用宽容；反之，长老若搬去椅子对小和尚“杀一儆百”也没什么说不过去的，小和尚可能从此收敛但绝不会真正反省，也就没以后的故事。同样，老师对学生的恶作剧通常是大发雷霆继而是狠狠批评，但也因为方式太“通常”了，就很难取得“不通常”的效果。

所以说，如果生活是大海，那美德就是汇成这汪洋大海的河流，而宽容这条小河，别看它不起眼儿，但却是不可缺少的。

世界上没有什么对和错，重要的自己看开，自己过得开心，生活质量很重要，但是生活态度和为人更加重要，调整自己的看法，原谅别人，也是在体谅自己。

禅告诉你答案

歌德说：“人不能孤立地生活，他需要社会。”良好的人际关系，不仅能给人生带来快乐，而且能助人走向成功。而宽容的品质则是建立良好人际关系的基石，在相互宽容谅解中求得共同的发展和进步是一种良好的愿望。

笑纳百川

曾经有一个青年，在未出家前，常常遭到别人的辱骂，反骂回去时，换来的却是更大的羞辱，最后因为耐不住自尊连番受挫，一时心灰意冷，才愤而出家。

教他佛学的师父洞悉了他心中的障碍，忽然一改和善的态度，动辄吼骂，视之为无物。

“怎么？骂你，你不高兴是吧！不服气，你也可以反骂回来呀！为什么不敢？因为我是你师父？因为怕骂了我，我会赶你出去，天下之大就没有你可以容身之所？还是你怕会骂输我，担心自尊受到更大的侮辱，唯恐又刺伤了从前的痛处？”

青年气得额头青筋浮凸，简直就像是密封在罐子里的炸药。

“像你现在的心境，如何习法学道？我这里有两条路给你选，一条是去后山禁闭室修行两年，一条是立刻滚出山门。”师父不留情面地说。

青年气虽气，但一想到：这已是人生最后的退路，离开这儿，岂不又要回到原来的世界？一个人寂寞独处，总好过骂不赢人，一再地被羞辱好。他决定修行两年。

两年期间，师父不定时地会来到后山，在禁闭室外，故意骂他不长进，是庸夫一个。而他总是紧闭门窗，独自在里头气得跺脚，以忍功回应。无奈，越忍耐就越气，修行还怎么修得下去？

一天，师父又来到禁闭室外，大骂他不是个东西，没想到他却出声回应了：“谢谢师父的赞美，弟子还真不是个东西呢！”

师父察知他有所转变，但不晓得到达何种程度，继续骂：“哎呀！你这个烂东西，竟然敢顶撞师父！”

青年再回应：“啊！师父，您说对了！弟子全身上下就没一处是好东西，若非这个虚假不实的烂身体，弟子早云游四海去了！”

“哼！你这废物，将来出山门可别说是我的徒弟！”

青年在屋里大声笑答：“不敢！不敢！我会说自己是师父的一堆屎，将来有机会埋在土里，滋养大地，使万物受育。幸哉！幸哉！”

师父终于再也骂不下去，高兴地说：“你现在的心胸，想必是万里无云的晴空了。既然阴霾已去，还赖在笼子里干什么？出来吧！”

禅告诉你答案

以骂止骂，无疑拿矛刺盾，有的只是招惹更多的攻击。以忍制辱：恐怕火候不够；到头来，又被自己多伤害了一次。不如学像大海笑纳百川，非但没有受到吞并污染，反倒汇成汪洋，包蕴无限的生机！

心存一份宽容

天刚破晓，朱友峰居士就兴冲冲地抱着一束鲜花和供果，赶到大佛寺想参加寺院的早课。

可是，没料到刚踏进大殿，左侧突然跑出一个人，正好与朱友峰撞个满怀，将他捧着的水果撞翻在地。朱友峰看到满地的水果忍不住叫起来：“你看！你这么粗气，把我供佛的水果全部撞翻了，你怎么给我一个交代啊？”

那个人名叫李南山，他非常不满地说：“撞翻已经撞翻，顶多说一声对不起就够了，你干嘛那么凶啊？”

朱友峰十分生气：“你这是什么态度啊？自己错了还要怪人吗？”

接下来，两个人互相咒骂起来，互相指责的声音很大。

广圄禅师正好经过这里，问明原委后，说：“莽撞的行走是不应该的，但是不肯接受别人的道歉也是不对的，这都是愚蠢不堪的行为。能坦诚地承认自己过失及接受别人的道歉，才是智者的举止。”

停了片刻，广圄禅师又说：“我们生活在这个世界上，必须协调生活层面的事情太多了，比如：在社会上，如何与亲族、朋友取得协调；在教养上，如何与师长们取得沟通；在经济上，如何量入为出；在家庭上，如何培养夫妻、亲子的感情；在健康上如何使身体健全；在精神上，如何选择自己的生活方式，能够如此才不会辜负我们可贵的生命。想想看，为了一点小事，一大早就破坏了一片虔诚的心境，值得吗？”

听到这里，李南山先说：“禅师！我错了，实在太冒失了！”说着便转身向朱友峰说：“请接受我至诚的道歉！我实在太愚痴了！”

朱友峰也由衷地说：“我也有不对的地方，不该为点小事就大发脾气，实在是太幼稚了！”

禅告诉你答案

人生不能因小失大。心存一份宽容，凡事俱能化解！生活中多一点体谅，世界就会变得海阔天空！

冤冤相报何时了

通慧禅师年幼当沙弥时，有一次，师父要他去打水。

路上，碰巧有一个卖鱼的人经过，一条鱼不经意地跃入通慧打水的脸盆里，通慧错手将鱼击毙。

后来通慧做了住持，有一天，就对他的弟子说：“三十年前一段公案，今日应该了了。”

弟子就追问是什么事呢？通慧禅师说：“到正午就会知道了。”

说完就在座上闭目趺坐。

当时的统兵张浚是一个念佛虔诚的净土行者，当时带兵至关中，经过通慧禅师的寺前。忽然性情大变，暴怒异常，竟手持弓箭就径自走入法堂，面对着通慧禅师怒目相见，通慧禅师笑着说：“我已经等你好久了。”

张浚不明所以地说：“我与禅师素不相识，今日一见为何满腹仇恨？甚至想置你于死，自己都不知道为什么呢？”

张浚说完仍愤恨不已，通慧禅师就把三十年前，自己还是沙弥时，无心击毙一条鱼的往事叙述。张浚听了之后感动不已，于是说：“冤冤相报何时了，劫劫相缠岂偶然；不若与师俱解释，如今立地往西天。”

说完就站着死了。通慧禅师一看张浚已往生，就在一张纸上写道：“三十三年飘荡，做了几番模样；谁知今日相逢，却是在前变障。”

写完，通慧禅师自然地在座上圆寂了。

禅告诉你答案

以武力对付武力、以恶制恶并不是解决问题的最终办法。佛陀早在两千五百多年前就阐述过“冤冤相报何时了”的轮回学说，武力只能产生新的矛盾和新的仇恨。人类应该以宽容和理解取代彼此之间的对抗啊！

微笑着对待人生

仙涯禅师悟道之后，被请到博多寺任方丈。他广参博学，修证宏深，四方学僧闻风来投。不到半年时间，数百年轻禅僧云集在他的禅院。林子大了，什么鸟都有。尤其是那些刚刚出家的僧人，难免会将在家时的习气带到寺院。

仙涯禅师有一位名叫湛元的徒弟，原来就是一个游手好闲的浪荡公子，出家为僧之后恶习不改，时常在夜晚寺院打板止静（统一熄灯的信号）后，偷偷翻墙出去，也不知到什么地方与狐朋狗友们鬼混去了。

天长日久，寺院众僧对他的行为无人不知，无人不晓。大家非常气愤，认为湛元的行为败坏了寺院的名声，玷污了禅僧的形象，按照寺规，应该迁单（驱逐出寺）。而且，有人专门向方丈作了汇报。谁知，仙涯禅师听了之后，只是不咸不淡地说了一句："是吗？"再也没了下文。

一个风雪交加的寒夜，仙涯禅师巡寮时，在寺院一个僻静的墙角，发现了一只凳子。他知道，准是湛元趁着风雪夜，又悄悄翻墙溜出去游玩了。仙涯禅师发现，凳子落上雪糁之后，变得异常光滑，踩上去很容易滑下来。于是，他轻轻拂去凳子上的积雪。然而，雪，仍在下个不停，不一会儿，凳子上又落上了一层雪糁。仙涯禅师就将凳子移开，自己在湛元放凳子的老地方静静坐了下来。

寒冬腊月，哈气凝霜，滴水成冰。朔风似快刀，一下又一下，在仙涯禅师脸颊上划过；寒气像冰蛇，钻入他的每一条骨缝，齿咬着他的神经；雪片纷飞，摔打在脸上，落进衣领里，将他塑造成了一尊雪人……但是，仙涯禅师任严寒刺骨，风雪狂虐，静静坐在那里，一动不动。夜，越来越深；雪，越下越大……

直到拂晓时分，湛元才从外面回来。他用脚试探着踩在原来放凳子的地方，许是雪厚吧，软绵绵的，一点儿也不滑。等他安全落地，才发现自己是踩在一个人的头上！而这满身雪花的人，竟是自己的师父！于是，就有巨大的惊恐像球状闪电，掠过他的每一条神经，他除了全身颤抖，什么都不会了——吓傻了！

仙涯禅师说："现在已是凌晨，天气更冷了，快些回屋吧，小心着凉。"

说完，仙涯像是任何事儿都没发生过一样，转身回了房间。此后，仙涯禅师从未对任何人提过这件事情。而湛元，从此不再夜游了。

禅告诉你答案

宽容是人类性情的空间，这个空间愈广大，自己的性情愈有转折的余地，就愈加不会动肝火、闹情绪，愈加不会纠缠于无谓的小事。因此，一个宽容的人，到处可以契机应缘，和谐圆满，微笑着对待人生。

和风细雨

宗演禅师还是云水僧时，在建仁寺的俊涯禅师座下参禅，某个夏日，天气非常闷热，宗演就乘着俊涯禅师外出时，躺在寺院的走廊上，伸展着四肢睡着了。不久，俊涯禅师回来了，看到宗演那种“大”字状的睡相，不禁大吃一惊。同时，听到脚步声的宗演也惊醒，但已来不及回避，只好厚着脸假装继续睡觉。

“对不起！对不起！”俊涯禅师轻声地说道，并小心翼翼地绕过他的脚边，走进客厅。宗演此时则惭愧得冷汗淋漓！从此，一分钟也不敢放逸，朝夕精进参禅！

俊涯禅师圆寂后，宗演慢慢成为一代宗师，领导三百学僧参禅，因为想到过去老师对自己的慈悲，连在走廊上睡觉都不责备，所以他待学僧一向都比较宽容。

后来，年老的宗演禅师，每日为教育学僧而操烦，日夜无法成眠，不得已，利用静坐的时候，小眠片刻。

一次，在宗演座下习禅的一位学僧就批评道：“我们的老师宗演禅师，每天打坐的时候都有打瞌睡的习惯，我们问他为什么禅坐的时候打瞌睡？老师回答说：‘他是去见古圣先贤，就像孔子梦见周公一样。’”这样的批评在学僧中流传很广，甚至后来学僧也学着利用禅坐时睡觉，宗演禅师仍不厌其烦地鼓励学僧好好用功。

学僧不服气道：“我们是到梦乡去见古圣先贤，就如孔子梦见周公一样。”

宗演禅师毫不生气地问道：“你们见了古圣先贤，他给了你们一些什么开示？”学僧无言以对，但均有所悟。

学僧和老师的境界，终究不一样。宗演禅师承受老师的慈爱，故也以慈爱摄受学人，但教育只有慈爱的摄受，没有威力的折服，不易养成尊师重道的心性。但宗演禅师的爱心，加上禅味，一句古圣先贤给了你们什么开示，终于折服学僧不能和老师比了。

禅告诉你答案

和风细雨暖人心。只有宽恕包容他人的人，才能赢得他人的心，获得别人的信任。

博大的仁慈

有一次，苏东坡去拜访佛印禅师，看到佛印禅师正在打坐，于是就在佛印禅师旁边坐下学着他的样子。大约过了两个时辰，苏东坡觉得身心通畅，于是起身站了起来。他觉得自己的“禅功”已经入门了，忍不住向佛印禅师问道：“禅师，你看我坐禅的样子如何？”

佛印禅师看了看苏东坡，赞叹道：“好一尊佛！”

苏东坡听到禅师的赞赏，神采飞扬。随后，佛印禅师随口问苏东坡：“你看我的坐姿如何？”

苏东坡与佛印交往甚密，他们是很好的朋友，平日里总是你来我往地调侃，这个好机会苏东坡怎么会放过呢！于是他就毫不客气地说道："好一堆牛粪！"然后自己在那里哈哈大笑。

佛印禅师也没有动怒，只是坦然一笑。

苏东坡以为自己赢了这场论禅，于是逢人便说他赢了佛印禅师。他的妹妹苏小妹知道这个消息后，找到苏东坡，说道："哥哥，赶紧收起你的话吧！你都输了，还好意思说自己赢了！"

苏东坡不解地问道："明明是我赢了，怎么会输呢？"

苏小妹说："禅师的心中有佛，所以他看你像佛，而你心中有粪，所以看禅师才像牛粪。"

听了妹妹的话，苏东坡惭愧得无地自容。

禅告诉你答案

以博大的仁慈去化解刻薄的调侃以及刺人的嘲笑，这才是禅者的修养。因此，我们在生活中对他人要宽恕包容。

让人一步天地宽

忍，是将刀架在心上的考验；让，是为人处世的润滑剂。忍让是交际应酬的诀窍，是修身自省德性的陶冶。忍让显示着一种力量，是内心充实，无所私欲，无所畏惧的表现。忍让是一种谦虚的美德，是强者才具有的精神品质，是智者的胸怀，忍让更是一种思想，一种境界。人生做到"小忍"，方成事业"大谋"。

能忍者，如潜龙在渊，静心平气，洞察人生，窥探机遇，不发则已，一发必胜。忍者，不争鸡毛之利，不抢琐屑之功，胸有百万雄兵，方有战略之举。

有一位青年脾气非常暴躁、易怒，并且喜欢与人打架，所以很多人都不喜欢他。有一天无意中游荡到大德寺，碰巧听到一休禅师正在说法，听完后发愿痛改前非，就对禅师说："师父，我以后再也不跟人家打架生口角，免得人见人厌，就算是受人唾面，也要忍耐拭去，默默承受！"

一休禅师说："嗳！何必呢，就让唾沫自干吧，不要拂拭！"

"那怎么可能？为什么要这样忍受？"

"这没有什么能不能忍受的，你就把它当做是蚊虫之类停在脸上，不值与它打架或者骂它，虽受吐沫，但并不是什么侮辱，微笑着接受吧！"一休说。

"如果对方不是吐沫，而是用拳头打过来时，那怎么办？"

"一样呀！不要太在意！这只不过一拳而已。"

青年听了，认为一休说得太岂有此理，终于忍耐不住，忽然举起拳头，向一休禅师的头上打去，并问："和尚，现在怎么办？"禅师非常关切地说："我的头硬得像石头，没什么感觉，倒是你的手大概打痛了吧！"

青年哑然，无话可说。

世间上无论什么事，说很容易，做很困难，说不发脾气，但境界一来，自我就不能把持。禅者曰："说时似悟，对境生迷。"就是这种写照。

让人一步天地宽，在生活中学会了忍让，就能够减少许多烦恼和人际冲突。常言道：让人一步天宽地阔。然而，一些人却常常把让人一步视为软弱、无能，认为让掉了人的尊严。相反，我却不这样认为，让人一步正是干大事业的胸怀；让人一步，正是大丈夫的气概。

现实生活常常需要"让步"来创造和谐气氛，换取安宁环境，促进团结友谊。如果没有这样的精神，现实生活中就会缺少人情与温馨。一些人火气十足，遇到矛盾冲突，常常摆出"老子天下第一"的架势，咄咄逼人，毫不相让。

让人一步，天宽地阔，于人于己，有利无害，何乐不为？当然，要做到"让人一步"并不是一件很容易的事。让人一步，反映了一个人的道德修养水平。缺乏道德修养的人，言行粗俗，斤斤计较，难以做到让人一步；道德修养高的人，文雅大度，虚怀若谷，凡事能让人一步。

禅告诉你答案

来往匆匆，人生狭路让远点，让人一步天地宽，平静中拥有生命的质和感悟的量，温婉怡情地走过这世界，那将无愧于你的一生，过去和未来都装在心中，超越了灵魂，便是超凡。

忍也是一种力量

白隐禅师一个人过着平静随和的生活，人们都说他为人纯洁，心地善良。

有一次，白隐家附近的一个女孩还没有结婚就怀孕了。她的父母知道这个事情后非常生气，逼着让她说出孩子的父亲是谁，并且发誓要严惩那个不知羞耻的人。那个女孩死活也不肯说，在父母的逼迫下，她承认孩子的父亲是白隐。

那个女孩的父母怒火中烧，前去找白隐理论，说："平日里以为你是一个品德高尚的人，没想到你居然做出这样的事来！既然做了，就出来承认，收留自己的孩子。"白隐只说了一句话："是这样的吗？"然后就答应收留那个孩子。

孩子出生后，白隐负责照顾他。他从邻居那里得到了牛奶、食物和一切孩子所需要的东西，尽自己最大的努力来照顾那个孩子，不管别人用怎样的眼光来看他。邻居都尽全力来帮助他，没有一个人相信白隐是那样的人；但是闲言碎语是少不了的。

时间已经过去一年了，那个孩子的妈妈因为无法忍耐相思孩子的苦痛，将真情告诉了她的父母亲——原来孩子真正的父亲是一个贫寒的年轻人，他们相爱已经有很多年了，因为害怕父母不承认这个女婿，所以才做出那样的事来。事情发生后，女孩因为害怕而不敢把真相说出来，就欺骗她的父母，说那个孩子的父亲是白隐。女孩的父母知道真相后，痛斥自己女儿不该说这样毁人名声的假话，然后立刻去找白隐，并把事实的真相告诉他，向他表示深深的歉意，请求他的宽恕，然后要求把孩子带回去。

白隐把孩子送还给他们说：“是这样的吗？”

白隐禅师还是只有这样一句简单的话，对于这一年来蒙受的不白之冤，还有照顾孩子所受的艰辛，他只字不提。

禅告诉你答案

忍也是一种力量。猝然临之而不惊，无故加之而不怒，平凡的人们很少能做到。

小事不妨装“糊涂”

常言所说的“大事要清楚，小事要糊涂”，即指对原则性问题要清楚，处理起来要有准则，而对生活中的一些小事，则不必认真计较。在日常生活中，我们对一些非原则性的不中听的话或看不惯的事，可以装作没听见，没看见或是随听、随看、随忘，做到“三缄其口”。这种“小事糊涂”的做法，不仅是处世的一种态度，更是健康的秘诀之一。

有时候，人或许还是糊涂些好。凤姐尽管聪明一世，可是最后还是只能以“聪明反误了卿卿性命”收场。因此，有时糊涂未免不是好事。

世人都愿当智者，不愿做糊涂虫，更不会心甘情愿地由聪明而堕入糊涂。然而事实上，人世间凡事复杂善变，我们不可能把每一件事都掰扯得清清楚楚，而且有些事情越是清楚越是让人烦恼。所以古人有“大智若愚”和“难得糊涂”之说。

清代著名诗人、书画家郑板桥曾写过一个条幅：“难得糊涂”，条幅下面还有一段小字:“聪明难,糊涂难,由聪明转入糊涂更难……”当然,这里所讲的“糊涂”是指心理上的一种自我修养,意在劝人明白事理,胸怀开阔,宽以待人。所以真正难得的糊涂,是一种聪明升华之后的糊涂;是一种涵养,心中有数,不动声色;是一种气度,得道高深,超凡脱俗;是一种运筹,整体把握,不就事论事;一个人要是做到这些,他一定是最“糊涂”而又是最聪明的人。

对一些生气烦恼也无济于事的情况,要学会糊涂对待。“糊涂”既可使矛盾冰消雪融,又可使紧张的气氛变得轻松、活泼,从而保持心理上的平衡,避免许多疾患的发生。当你处于困境时,“糊涂”一点能使你保持心胸坦然、精神愉快,减少对“大脑保卫系统”的不必要刺激,还可消除生理和心理上的痛苦和疲惫。

在男女的爱情中,更是需要难得糊涂。而当一段情感改变颜色——或疏远,或伤害,或背叛,总有一方会忍不住愤怒:“你曾经说过爱我到永远,原来你的话全是骗人的!”被质问的人常常会深感委屈:“我当时真的很爱你,真的是想和你同生共死,我没有骗你!”

真与假,无恒定。所谓的“真做假时假亦真,虚中有实实乃虚”,人生在世,本就是在真真假假、迷迷糊糊中度过。如果你有佛的智慧,可以看透自己的来路去途,可以明了自己的生辰死日,可以观视你将遇未遇的一切人一切事,生命,于你还有意义吗?活着的滋味,将比白开水更寡淡。

正因为人生中虚实难料、前程未卜,正因为人际交往中真假交错、爱恨更替,我们才会充满探究的兴致,追寻的意趣,跌宕起伏间惊心动魄。才会在得到真情时倍加珍惜,博取成功时激情难抑。假设好坏成败早已注定,早已明晰,你的心即便不是进入漫长的冬眠期,也会变得迟钝,失去活力。

当年的真,在四季轮回中渐渐磨损淡忘,今日的真,又如何发誓不让它随风幻化?文字的真,透析出心灵的孤郁愁闷,当你安慰的语言滔滔不绝倾泻于荧屏时,怎么获知那是一个真正需要输血需要温暖的灵魂?为人者,只可保证此一刻,我确实真心真意呵护你关爱你;为人者,唯一可做的,似乎是自己的真诚待人。不要赌注于未来和他人,不要过于自信于自己的恒心和认知。对于许多事物——特别是虚拟情感的追根究底,到头来,受伤的一定会是你自己!

禅告诉你答案

真假是非,当糊涂时不妨糊涂。留一半清醒一半醉,织一个美梦给自己,以你的心感受一份虚拟的真。倘若,在下一个黎明到来时,你发觉那七彩的天空不过是你梦中偶尔的涂鸦,无须哭泣,至少你曾有过真切的心醉与心碎。人生,因过程而精彩;生命,因感觉而真实。

耐心听取不同意见

学会倾听意味着成熟。愚蠢人总认为自己永远是正确的,听不得别人的半句意见;聪明人总是虚怀若谷,放下架子,耐心听取不同的意见。

三个臭皮匠顶上一个诸葛亮,十条建议换来黄金万两,不同的建议、不同的思路,仁者见仁、智者见智,智慧和成功均可以说是来自于好的建议。

阿文为人直率,学习认真,生活上乐于助人,可是,曾经有一度,同学却都敬而远之。究其原因,主要源于他过分耿直,遇事爱发表个人见解,又不分场合,好钻牛角尖,喜欢和人据理力争,不管大事小事,非当场弄个水落石出不可,常常弄得别的同学下不来台。别人自然会变相令他难堪。于是,他常觉得委屈,好像同学们都故意和他作对,而其他同学也觉得阿文不好交往。

后来阿文遇见了一位老禅师,倾诉了自己的苦恼。

禅师望着阿文说:"欲与人愉快共处,需站在对方的立场上考虑问题。而你的过失在于,总是站在自己的位置和立场上考虑问题,只是想让别人接受你的意见。如果在这方面多注意些，你就会更受欢迎。”

于是，阿文逐渐改变了自己的行为方式，即使确信别人有错，也注意场合和表达自己意见时尽量婉转。同学们不但乐于接受他的意见，也不再把他排除在交往圈以外了。

要做到能够从对方的角度考虑问题，首先要避免狂妄自大，唯我独尊的思想。在社会中，我们只是其中的一员，就如同沧海之一粟，别人也和我们一样能够思考和判断，所以，我们要经常耐心听听别人的意见，这样不仅有助于改善人际关系，对我们的发展也十分有必要。

曾经看过一篇报道说：“一个青少年因跟家人赌气，不顾同学和朋友的劝阻，一意孤行地离家出走，后来因生活自理不好，钱很快就花光了，致使他流落于街头，以乞讨为生，庆幸的是他父母及时通过各种方法寻儿，终于找到了他，那少年留下了悔恨的泪。”

离家出走的少年就是太相信自己的能力，以致迷失了方向，以为出走就可以解决问题，把别人的劝阻抛之脑后，其实他只要静下心来想，再听取一下别人的意见，也许就不会发生那样的事了。

现在的很多人，尤其是年轻人都高喊：“你有你的天空，我有我的色彩，要活出个性和风彩。”同样也坚信着但丁的“走自己的路，让别人去说吧”！但是却忽视了耐心地听取别人的意见。多少岁月的随波逐流，却以失败告终。他们恰如长江中有着“九曲回肠”之称的荆江地段，纵横交错，急流险滩，扑面而来的是几多的叛逆，几多的轻狂。

禅告诉你答案

如果说成功是一部字典，那么正确地相信自己是部首，而耐心听取别人的意见则是音序，这样才能有通向成功的可能。

要智慧也要慈悲

清朝初年，常州城里出了一位魏神医，不管什么疑难杂症，他都能药到病除；就算是阎王爷看上了的危重病人，他往往也能妙手回春。莫非，他有包治百病的灵丹妙药？他说，这个世界上哪有什么包治百病的灵丹妙药！只不过我对病症诊断得准确，能对症下药罢了。

是啊，对于疾病说来，只要药性对症，一把茅草即是妙药；若是不对症，灵芝、人参也是毒药！

更难得的是，魏神医对于上门求医的人，不论贫富，一视同仁，都尽心治疗。因此，乡下百姓称他为"活菩萨"。他之所以被称作"活菩萨"，还有一个原因，那就是因为在明末清初的动荡时期，他为了躲避战乱，跑到附近的天宁寺禅院去出家。住持禅师说他世缘未尽，没有给他落发，让他作了一名行者。

俗话说，半路出家也能成佛。他成佛不成佛没人知道，人们知道的是，他在寺院参了几年禅，从一个无名郎中一跃成了常州城最高明的医生。

同行们百思不得其解：他在寺院参禅念佛，长期未行医看病，为什么医术不但没有荒废，反而得到了突飞猛进的提高？真是难以置信！莫非，他在寺院里遇到了奇缘？像传说中的那样，得到了世外高人或佛菩萨的点化？

曾经有同行向他请教其中的诀窍。他说："给人看病，要善于使用药引子。比如，乡下人来城里看病，一定要先给他食用一些点心；而贫穷的病人，不但用施舍医药，还要奉送他一些钱粮，因为……"

不等他说完，同行拂袖而去：有点心，我还孝敬老婆、儿子呢！送给病人钱粮，我还开诊所干什么！你不肯说出秘诀就算了，何必要戏弄人？

他只能苦苦一笑，因为，这真的是他之所以成为神医的诀窍。乡下百姓进城来看病，要走很远的路，一定又累又饿，所以血脉十分紊乱。若是此时把脉，怎能准确诊断出病症呢？而给他茶点充饥的同时，让他稍稍休息一会儿，脉象就稳定下来，就能把准病情的细微差别了，从而精确用药，药到病除。而贫穷人家的病人，体质肯定虚弱不堪，无法发挥药物的作用。所以，在治病的同时，必须同时补充营养。

其实，这些道理，其他郎中未必不懂，只是没有他的那分慈悲心肠，无法做到罢了。

一次，他到一位危重病人家诊脉，病人枕头下的十两银子不见了。那银子，是病人的儿子刚刚借来，预备给老人请医买药救命的。病人的儿子听信了其他郎中的谗言，怀疑是魏神医拿了，便捧了一炷香，跪在他家门前。魏先生很奇怪，问他干什么？病人的儿子吭哧了半天，委婉地将疑情说了出来。没想到，魏先生痛痛快快承认了，说："确有此事。本来我有急事需要用银子，手头不方便，就悄悄拿了你家的银子应急用了。我本想今天去给你父亲诊脉时，再神不知、鬼不觉地放回去，完璧归赵。"

说完，魏先生拿出十两银子，交给了他。本来，大街上的围观的人们都说，魏神医道德高尚。不相信会有如此污浊的行为。然而，等病人的儿子如数拿到了银子，人们简直惊呆了。没想到，魏神医竟然是个假惺惺的伪君子！人们七嘴八舌，议论纷纷，惊叹人心难测。一时间，对魏先生的非议之声传遍大街小巷，然而，他却神态自若，毫不在意，活像什么事也没发生过一样。

半月以后，病人痊愈。在彻底清扫病床时，在褥子底下发现了那十两银子。于是，羞愧难当的父子俩双双捧香，跪倒在魏先生大门前。

魏先生笑着问："这次又是为什么呢？"

病人磕头如捣蒜，痛哭流涕地说："我们家的银子没有丢失，是我的儿子诬陷了先生，使您蒙受了不白之冤。今天一则送还银子，二则特地向您请罪来了。"

魏先生将他们拉了起来，真诚地说："没关系，没关系，事情都过去了。"

病人的儿子十分不解，追问道："先生，我那天听信谗言诬赖您，您明明没有拿银子，何必甘愿蒙受骂名呢？您究竟为什么宁可名誉被污也不说明呢？"

魏先生说："我去给你父亲看病时，知道你们家境贫寒，那银子是借来看病救命的。你父亲的病情正在紧要关头，若是知道救命的银子丢失了，一定伤心、绝望。邪火上攻，病情会急剧加重，很可能因此而一命呜呼。所以，我甘愿背上污名，说银子是我偷的，使你父亲知道银子失而复得，无望之心得到安慰，病情立刻减轻，自然会好起来。”

病人父子两个再次双膝跪倒，磕头不止。

禅告诉你答案

慈悲与智慧，是佛教的两个车轮，缺一不可，比较而言，我们现代人更缺乏的是慈悲。没有慈悲的智慧，如同没有安装方向盘的汽车，很可能危害人类。慈智双运，才能相互促进。

舍多就少的胸怀

盘圭永琢（公元1622～1693年）禅师，是日本临济宗僧人。他原籍播磨（兵库县）网干。他修禅开悟之后，传教足迹遍及日本关东与关西，受到了广大民众的敬仰，被敕封为“大法正眼国师”。

每一年，盘圭永琢禅师住持禅修期间，全日本各地的禅僧都会慕名前来挂单（亦称“挂搭”，僧人到寺院投宿）参学。那一年，盘圭禅师的禅修会上，出现了从未有过的咄咄怪事：禅僧们屡屡丢失东西。

佛教将偷盗列为根本大戒之一，所以，在寺院里几乎没有丢失东西的现象发生。后来，一名外地来的学僧在行窃时被值日的僧人当场抓获。禅僧们对这个犯戒的害群之马恨之入骨，纷纷要求将他迁单（驱逐出寺）。盘圭禅师说，人非贤圣，孰能无过？表堂（当众公开批评）之后，继续让他参加禅修。不久，这个惯偷恶习复发，又被抓住了。然而，盘圭又一次将事情压了下来，没有按照僧人共住规要，将这个屡教不改的学僧赶出寺院。

大和尚的“姑息养奸”，终于引发了所有禅僧的不满。是啊，清静伽蓝（道场），怎容盗贼混迹？神圣戒律，岂能一再触犯？和合僧众，安可与盗贼为伍？

从佛陀时代起，僧团就是一个人人平等、自由度极高的群体，千百年来，历任寺院的住持，都是由民主选举产生或集体决定聘请而来。方丈若是不如法，任何一个禅僧都可以将他从法座拉下来！因此，禅僧们虽然都是盘圭永琢的弟子，却也不容忍他的一意孤行。他们在半月诵戒时联合起来，向盘圭禅师提出，要么执行寺规，将屡次违犯戒律的小偷驱逐出寺，要么他们集体起单（离开）！

要知道，禅僧集体起单，对于一座寺院，对于一位方丈，是天大的耻辱！他将被所有禅客所不齿，无法在禅林立足！

盘圭禅师不急不躁，不慌不忙，他镇定自若地将那个爱小偷小摸的学僧叫到身边，抚摸着他的头顶，恳切地对大家说：“与这位小兄弟相比，你们都是富有智慧的师兄。你们之所以能严守戒律，是因为你们明白怎样是对的，怎样是错的。因此，就算你们离开我这里，任何寺院都会欢迎你们，你们在任何地方都能学佛参禅。而这位有恶习的小兄弟，连是非都不能分辨，如果我不教他，谁肯教他呢？”

盘圭禅师停顿了片刻，毅然决然说道：“即使你们全部离开，即使我从此颜面扫地，我也要将他留在这里，教导他成为一个慧心明目的禅者！”

那位偷窃成癖的学僧失声痛哭，扑通一下跪倒在大家面前，磕头如捣。盘圭禅者那特有的慈悲与智慧，照彻了他灵魂的黑暗，从此洗心革面，痛改前非，彻底根除了恶习。那些禅僧们也被师父“普度众生”的菩萨精神感动得泪流满面，由此，他们更加深刻地体会到了禅者胸怀的广博。

禅告诉你答案

盘圭禅师的“舍多就少”，在我们看来是“丢了西瓜拣芝麻”，似乎得不偿失。然而，这却恰恰是开悟的禅师才具备的至高境界。在他们的心灵中，没有功利，只有责任。其实，和谐社会，关键就在于向少数“劣根”人倾注爱心。只有这个少数得到质的改造，社会才能产生质的飞跃。一只木桶的装水多少，是由最短的一块木板决定的。因此，我们要想方设法改造它，才能提高桶的容量。

亡羊补牢

悟明与悟静一同听道。

禅师正讲“不杀生”的戒律，坐在悟静身边的一个魁伟的大汉悄悄对悟静说：“我是一名刽子手，我还能修道吗？”

悟静重重地点了一下头，道：“能！”

在回家的路上，悟明责怪悟静，说：“你为什么骗那个刽子手？他杀了那么多人，明明要受到报应入地狱的！”

悟静反问：“你能成佛吗？”

悟明想了想，道：“应该可以。”

悟静问：“你每天喝水吗？”

悟明有些茫然，但还是回答说：“当然。”

“你知道一口水中有多少生灵吗？”

“佛说，一口水有八万四千条生灵。”

"它们杀过人吗?"

"没有。"

"它们抢过钱财吗?"

"没有。"

"它们打劫放火吗?"

"没有。"

"那么你每天随意残杀无辜生灵尚能成佛,他如何不能修道呢?"

禅告诉你答案

人生谁都会犯错,只是有错就改罢了,犯错也无所谓大小,只要知错就改就是可贵的。

凡人皆有机会

一大早起来,寺院门口就吵闹不休,玄素禅师前去询问,了解到原来是一个屠夫想要进寺烧香拜佛,但是寺里的僧人嫌他满手血腥,不肯让他进殿,于是双方就在那里发生了争执。

玄素禅师看到了这个景象,立刻阻止了众僧人。他问道:"何事在这里吵闹?"

旁边的僧人说道:"这个屠户每天杀猪宰牛,双手沾满了血腥与罪孽,怎么能让他玷污了佛门清净!"旁边的人也附和道:"每天晚上,他家里就会传来猪狗牛羊的哀叫声,听得人心烦,让人无法入睡,像他这样的人怎么可以到这里来呢?"

玄素禅师说道:"你们这样说就不对了,他身为屠夫,为了生计被迫屠宰生灵，一定于心不安，有很多罪需要忏悔。佛门为十方善人而开，也为度化十方恶人而开。”

屠户满面感激，来到禅师面前说：“方丈慈悲，我杀孽太重，于心不安，于是我想要请方丈和各位法师到我家里去，我准备在家里办斋供养各位，以安慰我不安的心。我们全家斋戒沐浴三日，恳请各位光临寒舍，助我完成这个心愿。”

众人听了他的话，纷纷满脸乌云，摇头不止。玄素禅师却用微笑化解了乌云，他说道：“在佛面前，人人平等，每个人都有同样的机会，只要与佛有缘，就可度他，佛门慈悲，不会舍弃任何人。”

禅告诉你答案

人人皆平等，人人皆有机会，只要他有一颗禅心和善心，就有向禅的可能。

不必放在心里

仰山和尚是沩山禅师的学生。有一年，师徒两个一年没见了，彼此都十分挂念，等到见面时，沩山禅师向仰山问道：“这一年你都做了些什么事？”

仰山说：“我开了一片荒地，然后种了一些庄稼和蔬菜，每天挑水浇地，锄草除虫，收成很好。”

沩山禅师赞许地说：“你这一年过得很充实呀！”

仰山和尚便问：“老师，您这一年都做了什么事？”

沩山笑着答道：“我过了白天就过晚上。”

仰山随意说道：“你这一年也过得很充实呀！”刚说完，就觉得自己这样说有欠妥当，话语中似乎带着讽刺的意味，于是涨红了脸，情不自禁地咂了咂舌头，心想:“我这样说,老师一定以为我在取笑他,这样说实在是太不应该了!”

他的这一窘态早就被沩山禅师看破了。就在仰山盘算如何补救的时候,沩山禅师责备他说:“只不过是一句话,你为什么要看得那么严重呢?”

仰山仔细一想,明白了老师的用意:“偶然的小疏忽,或无意的小过失,只要不是成心那样做的,如果也没有造成什么严重的后果,那就随它去吧,没有必要老是把它放在心里。”

想到这里,仰山便对老师说:“我们开始上课吧!”老师赞许地点了点头。

禅告诉你答案

世上的事本身就很平常,没有必要让一些小事占据你的内心。风吹云过,烟消雾散,你会发觉天地原来是如此澄明,一切都是那么自然,为什么要让自己背着沉重的包袱呢?

我也可以为你忙

佛光禅师有一次见到克契禅僧,问道:“你自从来此学禅,好像岁月匆匆,已有十二个秋冬,你怎么从不向我问道呢?”

克契禅僧答道:“老禅师每日很忙,学僧实在不敢打扰。”

时光迅速,一过又是三年。一天,佛光禅师在路上又遇到克契禅僧,再问道:“你参禅修道上,有什么问题吗?怎么不来问我呢?”

克契禅僧回答道:“老禅师很忙,学僧不敢随便和您讲话!”

又过了一年,克契学僧经过佛光禅师禅房外面,禅师再对克契禅僧道:“你过来,今天有空,请到我的禅室谈谈禅道。”

克契禅僧赶快合掌作礼道:“老禅师很忙,我怎敢随便浪费您老的时间呢?”

佛光禅师知道克契禅僧过分谦虚，不敢直下承担，再怎样参禅，也是不能开悟。

佛光禅师知道不采取主动不可，所以又一次遇到克契禅僧的时候，问道："学道坐禅，要不断参究，你为何老是不来问我呢？"

克契禅僧仍然说道："老禅师，您很忙，学僧不便打扰！"

佛光禅师当下大声喝道："忙！忙！为谁在忙呢？我也可以为你忙呀！"

佛光禅师一句"我也可以为你忙"的话，打入克契禅僧的心中，禅僧克契立刻言下有所悟入。

禅告诉你答案

有的人太顾念自己，不顾念别人，一点小事，再三地烦人；有的人太顾念别人，不肯为己，最后失去好多机会。禅的本来面目，就是直下承担！当吃饭的时候吃饭，当修道的时候修道，当问的时候要问得重要，当答的时候要答得肯定。不可在似是而非的里面转来转去！我可以帮忙，你为什么不要我帮忙呢？我为什么不可为你忙呢？人我，不必要分得那么清楚！

不为他人生气

唐代丰干禅师，住在天台山国清寺，一天，在松林漫步，山道旁忽然传来小孩啼哭声音，他寻声一看，原来是一个稚龄的小孩，衣服虽不整，但相貌奇伟，问了附近村庄人家，没有人知道这是谁家的孩子，丰干禅师不得已，只好把这男孩带回国清寺，等待人家来认领。因他是丰干禅师捡回来的，所以大家都叫他"拾得"。

拾得在国清寺安住下来，渐渐长大以后，上座就让他担任行堂（添饭）的工作。时间久后，拾得也交了不少道友，尤其其中一个名叫寒山的贫子，相交最为莫逆，因为寒山贫困，拾得就将斋堂里吃剩的渣滓用一个竹筒装起来，给寒山背回去用。

有一天，寒山问拾得说："如果世间有人无端地诽谤我、欺负我、侮辱我、耻笑我、轻视我、鄙贱我、恶厌我、欺骗我，我要怎么做才好呢？"

拾得回答道："你不妨忍着他、谦让他、任由他、避开他、耐烦他、尊敬他、不要理会他。再过几年，你且看他。"

寒山再问道："除此之外，还有什么处世秘诀，可以躲避别人恶意的纠缠呢？"

拾得回答道："弥勒菩萨偈语说：

老拙穿破袄，淡饭腹中饱，补破好遮寒，万事随缘了；

有人骂老拙，老拙只说好，有人打老拙，老拙自睡倒；

有人唾老拙，随他自干了，我也省力气，他也无烦恼；

这样波罗蜜，便是妙中宝，若知这消息，何愁道不了？

人弱心不弱，人贫道不贫，一心要修行，常在道中办。

如果能够体会偈中的精神，那就是无上的处世秘诀。"

有谓寒山、拾得乃文殊、普贤二大士化身。台州牧闾丘胤问丰干禅师，何方有真身菩萨？告以寒山、拾得，胤至礼拜，二人大笑曰："丰干饶舌，弥陀不识。"

意指丰干乃弥陀化身，惜世人不识。说后，二人隐身岩中，人不复见。胤遣人录其二人散题石壁间诗偈，今行于世。

寒山、拾得二大士不为世事缠缚，洒脱自在，其处世秘诀确实高人一等。

禅告诉你答案

宽恕他人，不为别人生气是一种人生的境界。宽恕他人，既是对他人的包容，也是对自己的尊敬，更是让自己活得洒脱自在的因素。

抱怨让快乐走开

有一位贫穷的人向禅师哭诉："禅师，我生活得并不如意，房子太小、孩子太多、太太性格暴躁。您说我应该怎么办？"

禅师想了想，问他："你们家有牛吗？"

"有。"穷人点了点头。

"那你就把牛赶进屋子里来饲养吧。"

一个星期后，穷人又来找禅师诉说自己的不幸。

禅师问他："你们家有羊吗？"

穷人说："有。"

"那你就把它放到屋子里饲养吧。"

过了几天，穷人又来诉苦。禅师问他："你们家有鸡吗？"

"有啊，并且有很多只呢。"穷人骄傲地说。

"那你就把它们都带进屋子里吧。"

从此以后，穷人的屋子里便有了七八个孩子的哭声、太太的呵斥声、一头牛、两只羊、十多只鸡。三天后，穷人就受不了了。他再度来找禅师，请他帮忙。

"把牛、羊、鸡全都赶到外面去吧！"禅师说。

第二天，穷人来看禅师，兴奋地说："太好了，我家变得又宽又大，还很安静呢！"

禅告诉你答案

快乐来自于知足，痛苦来自于比较。如果一天到晚不知足，抱怨这抱怨那，就会让快乐远离自己。只有拥有一颗宽容的心，才有可能真正体验到生活的快乐。

爱的力量

智空禅师是武士的儿子，到江户游玩的途中，偶然遇到一位高官，做了他的随从。

后来，他与高官的太太两相情悦，十分亲密。纸里包不住火，两人的私情终于被发现了。自卫中他杀了那位大官，带着他的太太逃往别处。

习惯了奢华的生活的人突然失去了生活来源，迫不得已的情况下两人堕落成贼，而女人的贪得无厌使智空禅师深恶痛绝，最后终于下决心离开了她。

智空禅师到很远的一个寺庙出家，做了一名游方僧人。为了弥补他的罪过，他下定决心要在有生之年完成一件善举。

他知道某处的悬崖非常危险，已断送了不少人的性命。他决心在悬崖下面挖一条隧道，为人们开辟一条安全的通道。

他白天乞食，夜晚挖掘隧道，长年累月，日日不辍。转眼间30年过去了，一条长达2000米的隧道终于挖通了。

在智空禅师完成隧道的前两年，那位大官的儿子已经成为一名剑道高手。他四处寻觅智空禅师以报杀父之仇，后来终于发现了他，要置他于死地。

智空禅师平静地对他说："我心甘情愿地把我的生命交给你。但是，请让我挖成这条隧道，等到这件工作完成的那天你就可以杀了我。"

于是，大官的儿子耐下性子等待那一天。时间一天天过去，智空禅师仍在不断地挖着。一晃又是几个月，大官的儿子闲等着感到十分无聊，便开始帮智空禅师挖掘。他帮了一年，逐渐对智空禅师的坚强意志生出敬佩之情。

隧道终于挖成了，人们可以从这里安全通过。

智空禅师放下手中的工具，欣慰地长吁一口气说："隧道完成了，我心愿已了，现在请你砍去我的头吧。"

此时,大官的儿子满眼含泪,动情地说道:“你是我的老师呀!我怎能下手砍自己老师的头呢?”

智空禅师的慈悲和关爱,化解了满腔的仇恨和怒火,让复仇者改变了初衷。

禅告诉你答案

有句话说得好,爱是世界的回音壁。的确,在生活中我们每个人都应该记住,世界是互动的,你给世界多少爱,世界就会回给你多少爱。爱给人的收获远远大于恨带来的暂时的满足。

不必太认真

在一本书上看到了这样的一段话,觉得写得蛮好的:“生活中充满了许多遗憾的东西,你也可以称之为‘缺陷’,但我却喜欢叫它‘生活’,是的,这就是生活,不幸的是,有些人有意无意地拒绝它们,试图制造一种纯净水般的理想生活,常言道:水至清则无鱼,人至察而无徒。这样的生活会好吗?何况,它根本就不存在。”

现在越来越觉得生活中凡事不要太认真,能过就过,别人怎么做不要管,管好自己就好,特别是嘴巴,不要讲人是非,心里明白就好。

话说师徒二人东游,来到一个地方感觉腹中饥饿,师父就对徒弟说:“前面一家饭馆,你去讨点饭来。”徒弟领命就到了饭馆,说明来意。

那饭馆的主人说:“要饭吃可以啊,不过我有个要求。”徒弟忙道:“什么要求?”

主人回答:“我写一字,你若认识,我就请你们师徒吃饭,若不认识乱棍打出。”徒弟微微一笑:“主人家,恕我不才,可我也跟师父多年。莫说一字,就是一篇文章又有何难?”主人也微微一笑:“先别夸口,认完再说。”说罢拿笔写了一

"真"字。徒弟哈哈大笑："主人家，你也太欺我无能了，我以为是什么难认之字，此字我五岁就识。"主人微笑问："此为何字？"徒弟回答说：不就是认真的"真"字吗。店主冷笑一声："哼，无知之徒竟感冒充大师门生，来人，乱棍打出。"

徒弟就这样回来见老师，说了经过。大师微微一笑："看来他是要为师前去不可。"说罢来到店前，说明来意。那店主一样写下"真"字。大师答曰："此字念'直八'。"那店主笑到："果是大师来到，请！"就这样吃完喝完不出一分钱走了。徒弟不懂啊，问到："老师，你不是教我们那字念'真'吗？什么时候变'直八'了？"大师微微一笑："有时候的事是认不得'真'啊。"

凡事不必太认真，如果太较真，由于人是相互作用的，你表现出一分敌意，他有可能还以二分，然后你则递增为三分，他又会还回来六分……把敌意换成善意，你会有多么大的收获。当"冤冤相报何时了"的双负，能成为"相逢一笑泯恩仇"的双赢时，不是人生最大的成功吗？

禅告诉你答案

对周围的环境、人事，假如你有看不惯的地方，不必棱角太露，过于显示自己的与众不同。喜怒不形于色，是保护自己的一种方式。凡事不必太较真，不要求全责备，该装糊涂就装糊涂，才是潇洒的处世哲学。

忘记无心的伤害

有两个朋友结伴在沙漠中旅行，在旅途中的一个地方，他们因为一件莫名的小事吵了起来，最后，其中一个还给了另外一个一记耳光。被打的心里觉得很不是滋味，但是他却一句话也没说，只是默默地伸出了自己的一个手指，在沙子上写下:“今天我的好朋友打了我一巴掌。”

之后,他们继续往前走,只是总感觉少了点什么东西。经过长途跋涉,他们终于走出了沙漠,结束了沙漠之旅。

他们来到了一个湖的边上,好久都没有见过这么大、这么美的湖了。于是,他们就决定下去游泳。不幸的是,挨巴掌的那位由于过度疲劳,差点儿溺水而亡,幸好被朋友救起来。在说过谢谢救命之恩后,他拿起一把小刀,在石头上很小心地刻下:“今天我的好朋友救了我一命。”

朋友看到他又刻字了,十分好奇,就问:“为什么我打了你以后,你要把字写在沙子上;而现在却要把字刻在石头上呢?”

他笑了笑,回答说:“当被一个朋友伤害时,要写在容易忘却的地方,岁月会负责抹去它;相反,如果得到帮助,我们要把它刻在心灵的深处,那里虽然也有岁月的蚕食,但却不能磨灭它的丁点儿光芒!”

禅告诉你答案

生活中,太多的人对别人那些芝麻大的伤害斤斤计较;对那些莫大的帮助视而不见,心里留下的也只有无穷的幽怨与烦闷。其实,只要我们忘记那些无心的伤害,铭记那些对你真心的帮助,就会发现人际交往的道路非常之宽广。

给人方便

有一位绅士有件急事要等着他去处理,在去的路上要经过一座独木桥,到了独木桥之后,就准备过,刚走几步便遇到一个孕妇。绅士很礼貌地转过身回到桥头,让孕妇过了桥。孕妇一过桥,绅士又走上了桥。这次都走到桥中央了,又遇到了一位挑柴的樵夫，绅士二话没说，回到桥头让樵夫过了桥。第三次绅士再也不贸然上桥，而是等独木桥上的人过尽后，才匆匆上了桥。眼看就到桥头了，迎面赶来一位推独轮车的农夫。绅士这次不甘心回头，摘下帽子，向农夫致敬："亲爱的农夫先生，你看我还有两步就要到桥头了，能不能让我先过去。"农夫不干，把眼一瞪，说："你没看我车赶集吗？"话不投机，两人争执起来。这时河面上浮来一叶小舟，舟上坐着一个胖和尚。和尚刚到桥下，两人不约而同请和尚为他们评理。

和尚双手合十，看了看农夫，问他："你真的很急吗？"

农夫答道："我真的很急，晚了便赶不上集了。"和尚说："你既然急着去赶集，为什么不尽快给绅士让路呢？你只要退那么几步，绅士便过去了，绅士一过，你不就可以早点过桥了吗？"

农夫一言不发，和尚便笑着问绅士："你为什么要农夫给你让路呢，就是因为你快到桥头了吗？"

绅士争辩道："在此之前我已给许多人让了路，如果继续让农夫的话，便过不了桥了。"

"那你现在是不是就过去了呢？"和尚反问道，"你既已经给那么多人让了路，再让农夫一次，即使过不了桥，起码保持了你的风度，何乐而不为呢？"绅士满脸涨得通红。

禅告诉你答案

给人方便，自己方便，退一步海阔天空，让一让风平浪静。在生活中谦让一些，既能显示自己的风度，又能减少很多不必要的麻烦。

第五章

CHAN
GAOSUNI DAAN

禅告诉你
广结良缘的德行

美德是一个人立身行事的基础，以美德为本，人的生命才会绽放出最艳丽的花朵，结出最丰硕的果实。拥有了广结良缘的禅德，我们就能做到做人做事心怀善念，走向生命的正途。种善因必得善果，与人为善，人必与你为善。投之以木瓜，报之以琼瑶。只要你坚持建立自己的功德，在人生的长途，你就会获得好的人缘，拥有成就事业的良好基础，同时也会让你拥有美好的心情。

好人做到底

“好人难当”的说法早已有之。诸如：“马善有人骑，人善被人欺”、“忠烈无好报，奸佞乐逍遥”，等等。然而是不是因为这样（况且并非完全如此），就不做好人呢？我想是不应该的。

好人，顾名思义，就是做好事的人。按眼下的说法，就是说老实话，办老实事，做老实人，积德行善，乐于助人，全心全意为人民服务的人。要做这样一个社会公认的真正的好人确实不容易。因为，好人要有菩萨心肠，乐于助人，不会踩着别人的脊梁往上爬，不会幸灾乐祸，落井下石，好人要心存善良，宽以待人，不计前嫌，以德报怨。因此，好人总是受人敬重，受人推崇，受人赞美，受人爱戴。好人是人间温暖的阳光、和煦的春风，好人是人际沙漠的绿洲，好人是我们这个世界的根、民族的魂。

有这样一则名叫《护贼度贼》的故事，正说明了好人应该做到底的道理：

有一天晚上，残梦禅师正在方丈室读书时，突然听到墙壁上有声响，猜想可能是个小贼，于是就叫侍者道："拿些钱给那凿墙的朋友吧！"

侍者走到邻室，大声地说道："喂！不要把墙壁弄坏，给你些钱就是了！"

小偷一听，吓得转身就逃走了。

残梦禅师以责备的语气对侍者说道："你怎么可以大声吼叫？一定是你的声音太大，把他吓着了，可怜钱也没有拿到就逃走了；这么冷的天气，可能还没有吃过晚饭，你赶快追上去把钱拿给他。"

弟子无法，只得奉师命，在寒冷的深夜里，到处寻找不知躲在哪个角落里的小偷。

又有一位名叫安养禅尼的，一天夜半睡觉时，小偷潜进来偷窃，把他唯一的一条棉被偷走了，安养没有办法，只好以纸张盖在身上取暖。

小偷在惊慌之间，被负责巡寮的弟子撞见了，仓皇地将偷到手的棉被遗留在地下。徒弟们捡到这条师父的棉被，赶紧送回师父房间，只见安养禅尼身上盖着纸张，缩着身子直打哆嗦，看到被送回的棉被说道："哎呀！这条棉被不是被小偷偷走了吗？怎么又送回来呢？既然是小偷拿去了，就是他的东西，赶快！拿去还给他。"

弟子无奈，在师父百般催促下，费了九牛二虎之力，才把逃得很远的小偷找到，表明师父的意思，坚持把棉被还给他。小偷受了感动，特地跑回寺院向安养禅尼忏悔，并因而皈依，从此改邪归正。

有人说，禅者都是铁石心肠，他们独特异行，不太关心人间苦难。但看残梦禅师和安养禅尼，他们的慈悲，推己及人的爱心，岂是一般人可比？其实，真正禅悟的人，像佛陀割肉喂鹰，舍身喂虎，大仁大勇，大智大行，无缘大慈，同体大悲，只因是禅悟之人。

真正的僧人，没有"私人财产"的概念，他们的思考模式、行事方法难免异于常人。赠送财物给小偷，不是通行之法。但在特殊情况下，某人起了这份善心，这样做了，使小偷受到感动，改邪归正，又比惩罚他强多了，等于积了一大功德。

禅告诉你答案

好人靠长久而自觉的品性修养，靠一生一世的本分为人、乐善好施，赢得社会的一种公认，它是世人的一种心碑和口碑。有句唱词道："好人一生平安"，这正是对好人的呼唤和祝福，好人的日子相信会越来越好。"一个人做点好事并不难，难的是一辈子做好事，不做坏事。"

改变从自己开始

一年冬天，某禅寺在举行了一次长达 11 天的禅期。所谓禅期，是一种集体修行的方式，跟开培训会、研讨会差不多，一般以七天为一周期，所以也称"禅七"。禅期结束后，举行了一个座谈会，交流心得体会。一位刚入佛门的女信徒依依不舍地说："同修们在一起的日子多好啊！大家虽然来自四面八方，原来互不相识，却能互相信任，互相关心。这些天来，我心里总是暖融融的。而我们家所在的城市，连一个楼道居住的邻居之间都冷漠得很。请问师父，有什么方法能改变他们吗？"

一位青年法师郑重地说："我有一个方法，十分灵验。"

于是，法师教给她一个"观音菩萨灭业障真言"的咒子：阿噜勒继娑婆诃。法师特意嘱咐说："这个咒子，边洒扫边念最灵验。可是，你若是在人家门前以及楼道里一边洒扫一边念咒，人家会笑话你迷信。所以，我建议你用拖把拖，边拖边念，把地洒扫得越周到、越干净，效果越好。一天一遍，坚持九九八十一天，那么，你们邻居之间的关系就变得和睦了。”

女居士对法师的话深信不疑，果真照他说得那样，每天义务打扫楼道，边打扫边一遍遍地念“阿噜勒继娑婆诃……”一个月后，她兴冲冲来到寺院，对那位法师说：“师父，您的咒子真灵呀！你看，才过了三十多天，邻居们就已经变了，他们看见我，老远就微笑着打招呼，有什么问题都主动来帮忙，可热情了！”

法师微笑道：“因为你变了，所以他们也变了。”

有一句话说得好：“江湖一张纸，捅破不值半文钱。”法师教女居士的法子，必用必灵，但灵的不是咒语，而是行为。如果明白告诉她，只要多帮邻居的忙，多搞义务劳动，就能改善关系，可能她说什么也不肯干。换一种“迷信”的方式，她信了，认真照办了，效果就出来了。如果她不信，敷衍了事，效果就没有了。所以佛经常出现“信受奉行”四字，很多好法子不能说破，一说破就不值钱了。未说破时，如果你相信、接受并努力行之，就有好效果。

禅告诉你答案

当然，有智慧的人，愿意主动改变自己，凡有好方法都愿意奉行，不用“迷信”的方式也能做得很好。《三慧经》云：“人不能伏自意，反欲伏他意；能伏自意者，他人意可伏。”只要能够主动改变自己，你在任何地方都会大受欢迎。

问心无愧

日本高僧白隐禅师，德行很高，受到很多人的崇拜。

他的信徒中，有一个是开布店的老板。这个店老板有个未婚女儿，私订终身，和男朋友发生了性关系，肚子一天天大了起来。

店老板很生气，逼问女儿到底是谁造的孽。女儿怕说出男朋友的名字，会被父亲打死，她想到父亲平日最敬重白隐禅师，就说是白隐禅师干的。店老板一听，气得要命，就拿起木棒，不分青红皂白，把白隐禅师痛打了一顿。白隐被打得莫名其妙，问明原因后，他没有辩解，而是痛快地认下了这笔“糊涂账”。

店老板的女儿生下孩子后，她父亲把孩子扔给白隐喂养。白隐也不拒绝，又像保姆一样，四处乞求奶汁喂养小孩。很多人对他勾引良家少女的行为感到不耻，一看见他就指指点点，大声辱骂。白隐一点也不在意，仍然细心抚养这个可怜的孩子。

起初，那女孩的男朋友怕被店老板打死，吓得跑到外地去了，过了好几年才回到家乡。当他知道了白隐代自己受过的情况，就责备女孩说：“我们怎么能让这位有道高僧代自己受辱呢？”于是，他主动向女孩的父母说明了真相。

布店老板懊悔万分，带领全家去向白隐禅师道歉。白隐禅师一点也不感到委屈，只是淡淡地说：“小孩是你们的，你们就抱回去吧！”

禅告诉你答案

佛家修的是心。心外的一切，都如梦幻泡影。别人的非议、指责，都是愚执、妄念。既然一切皆是虚幻，何必放在心上呢？只要问心无愧就行了。这个道理很好懂，做到却很难。白隐禅师不仅懂得，而且做得很好。这就难能可贵了！

美德即是智慧

有一次，达观禅师对李端愿说：“诸佛都从无中说有，在没有意义的空虚人生里找到了生命的意义，因此，世间一切事物都属于烦恼系缚，眼见的都是镜影空花。想在现世的生命中寻求不死的灵魂，如同水中捞月。只有真正了知自心，方可无惑。”

李端愿诚恳地问：“如何了知自心呢？”

“无论善恶是非、得失成败，都别想，别计较。”

“如果不想，心在哪里？”

“对每一件事，都用慈悲喜舍心，对每一个人，都用哀矜悲悯心，一切只往宽恕的、向上的、光明的、勘破的地方去，不往计较的、向下的、阴暗的、痴迷的地方去，你的心就和生命融合了。”

李端愿点点头，若有所思。他又问：“人死之后，心在何处？”

“不知生，如何知死？”达观禅师说。

“我已经找到了自己的生命。”

“你的生命从何处得来？”

“这……”李端愿搔搔头皮，一脸的迷茫。

达观禅师突然伸手向李端愿当胸一抓，大喝一声：“就在这里！还往哪里想？”

李端愿一怔，立即恍然大悟：“我懂了！我懂了！”

佛家说法，跟其他诸家论道一样，都有为难之处：讲得太玄了，普通人说是迷信，不以为然；讲得太实了，普通人说是道德说教，嗤之以鼻。其实不管人们信不信，归根结底是要培养慈悲喜舍心和哀矜悲悯心，生命的归宿、人生的意义、成功的智慧、办事的技巧、交往的方法，全在这里面。如苏格拉底所云：“美德即是智慧。”

禅告诉你答案

智慧属于心灵，人的美好品德源于其美好的心灵。人如果经常想一些世间和人生的大问题，对于俗世的利益就一定会超脱一些，自然就不会做那些伤天害理的事。道德美好是一种智慧，道德败坏是一种蒙昧，这一点与人的文化水准不是一回事，生活中有不少有知识的人也很蒙昧。所以说，美德决定于智慧，智慧才能使人性至真至善至美。唯有人性真善美的文明，才是世间最为美好、最有力量、最为不朽的追求。

贫妇施豆

《众经撰杂譬喻》里讲了一个"贫妇施豆"的故事：

佛陀在一个国家传授道法，国王广设布施，供养佛与众比丘。都城里有一位贫穷的老妇人，家中一无所有，平日靠乞讨度日。她也想供佛，家里却没有什么值钱的东西，只有别人施舍给她的一点儿黄豆。于是，她抓起这些黄豆，急忙赶到王宫，想施在佛的面前。可是，看门人见她衣衫褴褛，不放她进去。

佛陀在宫中察知这件事，就运用神力取走老妇人手中的黄豆，将它们遍施在国王摆出的各种食物之中。国王在每种食物中都吃到了黄豆，非常生气，便叫来厨师，准备治罪。

佛陀劝阻道："大王，这并不是厨师的错，这些黄豆是宫外一个贫妇所布施的。"

国王听后很不高兴。他才不愿吃一个贫妇的东西呢！

佛陀又说："这位贫妇一片真善之心，虽然只有一把黄豆，也能协助国王施饭食。”

国王不以为然地说;“这点黄豆算什么？怎么能与我所布施的那些美味佳肴相比呢?”

佛陀说:“贫妇所施的黄豆虽然很微薄,但将来所获得的福报却一定比大王更多。”

国王很不服气:“难道我这么丰厚的布施竟比不上贫妇手中一小捧黄豆的功德吗?”

佛陀说:“贫妇的布施虽少,却是她尽其所有的布施;大王布施的虽多,却全都来自于百姓,于自己毫无损失。所以说,贫妇的布施多,而大王的布施少。因此,贫妇所得的福报一定多于大王。”

很多人就像这位国王一样,通过各种手段,巧取豪夺,从别人那里获得财物,然后用它们做好事,换取好名声。这样以恶行善,并不是真正的做好事,不过是欺世盗名罢了。

而这位贫妇,虽然能力微薄,却尽其所能做好事,这才是真正地做好事。

在这世界上,大富大贵之人毕竟只是极少数,大部分人能力有限。但是,只要尽自己所能给别人提供一些帮助,比如替陌生人指个路,为老人让个座,给残疾人施舍几文小钱,这样的小事是人人都能做到的。只要带着好心去做一些力所能及的善事,也不失为一个好人了。

禅告诉你答案

我们不要把做好事理解为一种负担,它应该是我们生而为人的一种道义责任。有一次,托尔斯泰先生向一个乞丐施舍,朋友告诉他,这个乞丐品德恶劣,闻名莫斯科,不值得施舍。托尔斯泰回答:“我不是施舍给他,我是施舍给人道。”

做好事的原则

什么是真正的慈善？佛祖讲得很清楚，一是出于至诚之心；二是不求回报；三是不贬低人家。下面我们不妨一一剖析：

第一，依从一念之善，是真行善。在佛的三大布施原则中，最重要的当然是至诚之心。你不是因为他有权有势，不是因为他长得漂亮，不是因为他将来可能有出息，不是因为想炫耀自己，总之没有任何私心杂念，完全是因为一念之善，这样的施予才是真正的慈善，无论你的施予多么微不足道，都是该得善报的。

南怀瑾大师曾讲过一个“施善得报”的故事：

有一次，佛托着钵盂出来化缘，遇到两个小孩在路上玩沙子。他们看见佛，就站起来非常恭敬地行礼，其中一个孩子抓起一把沙子放在佛的钵盂里，说：“我用这个供养你！”

佛说：“善哉！善哉！”

另外一个孩子也抓起一把沙子供在佛的钵盂里。佛就预言，百年后，一个是英明的帝王，一个是贤明的宰相。

百年后，一个孩子当了国王，就是历史上有名的阿育王；另一个就是他的宰相。在典籍中，关于阿育王的史实与传说很多：比如，他曾经打败东征的亚历山大；他建的一座寺曾经飞到中国来，就是浙江宁波的阿育王寺。

阿育王的一把沙子就得到了这么大的回报，很多人向寺庙里捐金捐银，什么好处也没见到。这是什么原因呢？因为捐金捐银者动机不纯，或者是为了炫耀自己的好心，或者是出于对未来的渴求，或者是出于对过去所行恶事的恐惧，总之都无诚意。阿育王和他的伙伴却仅仅是出于一念之善，没有任何私心杂念。

另外，在我们看来，一把沙子根本不是可捐之物。但对两个玩沙子的孩子而言，沙子是他们的玩具，是他们喜欢的东西。所以，他们的善念的价值并不比别人送出的财物低。

第二，行善不能求回报，否则不是真行善。有的人天天抱怨：我好人没少做，坏事没多干，为什么好事轮不到我头上？真是“好人没好报”啊！这种人居然自称好人，真是滑稽！与其说他是好人，不如说他是商人——他做好事都是为了换取好报，跟商人卖东西赚钱又有什么差别？而且他追求的是暴利，想用微小代价换取巨额回报，认真算起来还只能归入奸商一列。

禅告诉你答案

真行善者是出于帮助他人的善念，并无要求回报之心。

为他人着想

有一位很想成为富翁的青年，到处旅行流浪，辛苦地寻找着成为富翁的方法。几年过去了，他不但没有变成富翁，反而成为衣衫破烂的流浪汉。

观世音菩萨被他的虔诚感动了，就教他说：“要成为富翁很简单，你从此以后，要珍惜你遇到的每一件东西、每一个人。并且为你遇见的人着想，布施给他。这样，你很快就会成为富翁了。”

青年听后高兴得不得了，就手舞足蹈地走出庙门。一不小心竟踢到石头绊倒在地上。当他爬起来的时候，发现手里粘了一根稻草，便小心翼翼地拿着稻草向前走。突然，他听见小孩号啕大哭的声音，走上前去。当小孩看见青年手上的稻草，立即好奇地停止了哭泣。那人就把稻草送给孩子，孩子高兴得笑起来。妇人非常感激，送给他三个橘子。

他拿着橘子继续上路，不久，看见一个布商蹲在地上喘气。他走上前去问道："你为什么蹲在这里，有什么我可以帮忙吗？"布商说："我口渴得连一步都走不动了。""这些橘子就送给你解渴吧。"

他把三个橘子全部送给布商。布商吃了橘子，精神立刻振作起来。为了答谢他，布商送给他一匹上好的绸缎。

青年拿着绸缎往前走，看到一匹马病倒在地上，骑马的人正在那里一筹莫展。他就征求马主人的同意，用那匹上好绸缎换那匹病马，马主人非常高兴地答应了。

他跑到小河边去提一桶水来给那匹马喝，没想到才一会儿，马就好起来了。原来马是因为口渴才倒在路上。

青年骑着马继续前进，在经过一家大宅院的门前时，突然跑出来一个老人拦住他，向他请求："你这匹马，可不可以借给我呢？"

他就从马上跳下来，说："好，就借给你吧！"

那老人说："我是这大屋子的主人，现在我有紧急的事要出远门。等我回来还马时再重重地答谢你；如果我没有回来，这宅院和土地就送给你好了。你暂时住在这里，等我回来吧！"说完，就匆匆忙忙骑马走了。

青年在那座大庄院住了下来，等老人回来。没想到老人一去不回，他就成为庄院的主人，过着富裕的生活。这时他领悟到："呀！我找了许多年能够成为富翁的方法，原来这样简单！"

禅告诉你答案

真正通向富足的道路，不是财货的堆积，也不是名利的追求，而是珍惜我们所遇到的每一件东西。每一个人，都应该处处为人着想，把自己的财富布施给那些需要帮助的人。

帮人也是帮己

一天深夜,有位施主沿着一条昏暗的小路回家。经过一片丛林,他突然听到有人挣扎的喘息声,慌乱停下脚步,仔细地听。发现是两个人在扭打,间或夹杂着衣服撕裂声。他立刻明白:一个女孩被袭击了!

他想,到底我该不该介入这个事件当中呢?

他一面担心着自己的安危,一面诅咒着为什么今天晚上要选这条小路回家。如果自己也成为另一个牺牲者怎么办啊?是不是该跑到附近的电话亭打电话给警察就算了呢?

那个决定的过程好像永无止境,但实际上花不了几秒钟,而且听得出来那个女孩的呼吸挣扎声越来越微弱了。他决定一定要有所行动。于是冒着生命的危险,立刻冲到丛林后面,将歹徒从那个女孩身边拉开。随后他和歹徒扭打成一团,倒在地上滚来滚去。

最后,歹徒终于放弃,跳起来逃跑了。他气吁吁地爬起身来,那个蹲踞在黑暗之中的女孩仍然在啜泣和不停地发抖。

他跟女孩保持了一段距离,慢慢地说:“好了,那个人已经走了,你现在安全了。”

一段很长的沉默,她开口了,带着不可思议的惊讶:“爸爸!是我啊!”

禅告诉你答案

我们其实不需要去想做了好事是不是就会有回报,就像这个父亲一样,他为陌生人做了一些好事,结果回报的却是他自己啊。

珍惜缘分

有一次，仙崖禅师外出弘法，在路上，遇到一对夫妇吵架。

妻子说："你算什么丈夫，一点都不像男人！"

丈夫说："你骂，你如果再骂，我就打你！"

妻子说："我就骂你，你不像男人！"

这时，仙崖禅师听了之后就对过路行人大声叫喊："你们来看啊，看斗牛，要买门票；看斗蟋蟀、斗鸡都要买门票；现在斗人，不要门票，你们来看啊！"

可是，那对夫妻仍然继续吵架。

丈夫说："你再说一句我不像男人，我就杀了你！"

妻子说："你杀！你杀！我就说你不像男人！"

仙崖禅师煞有介事地说："精彩极了，现在要杀人了，快来看啊！"

这时，有过路人说："和尚！你大声乱叫什么啊？夫妻吵架，关你什么事？"

仙崖禅师说："怎么不关我的事呢？你没听到他们要杀人吗？杀死人就要请和尚念经，念经时，我不就有红包拿了吗？"

过路人说："真是岂有此理，为了红包就希望杀死人啊！"

仙崖禅师说："希望不死也可以，那我就要说禅理了。"

这时，连吵架的夫妇都停止了吵架，双方不约而同地围上来听听仙崖禅师和人争吵什么。

仙崖禅师对吵架的夫妇说："再厚的寒冰，太阳出来时都会融化；再冷的饭菜，柴火点燃时都会煮熟；夫妻，有缘生活在一起，要做太阳，温暖别人；做柴火，成熟别人。希望贤夫妇要互敬互爱！"

仙崖禅师的话说得吵架的夫妇十分惭愧，各自认错。而过路人听了之后，也都当下领悟了禅师的高妙禅理。

禅告诉你答案

人生，能够在一起就是缘分。我们应该珍惜缘分，宽容处事，而切不可过分刻薄。

不求回报

佛光禅师对于徒众一向慈悯有加，尤其有关疾病医药、参学旅游，教育留学，乃至日用所需等福祉设施，无不考虑周详，督促常住执法者要供应大众弟子衣食无缺，达到僧团利和同均的理想生活。

有一天，掌管会计的师父拿来一叠请款收据，蹙着双眉对禅师说："师父！最近住众们患牙病的人特别多，牙疼虽不是大病，但痛起来却也难受。常住尽量给大家方便，偏偏牙病的医药费非常昂贵，一个人补几颗牙，动辄百千金钱，实非常住所能负担。"

"不能负担，也要设法负担。"禅师坚持他的意见。

会计又再说："这些人受了常住恩泽，不但不知回报，说些好话，反而批评常住，不满常住。依我看实在犯不着为他们出这笔冤枉钱。"

佛光禅师像是自语似的说："这些人口中虽然说不出什么好话，但是却不能不为他们装一口好牙！"

禅师只求为众生服务奉献，不仅要为众生换一口好牙，更要为众生换一副好心肠、好禅性。为众生换好牙，让众生都能享受人生美味，禅悦为乐，至于众生能不能说好话回报，对禅师来说，是不足挂齿的。

禅告诉你答案

只求施舍，只求奉献，不求回报，这是禅德的体现，这也是我们每一个人都应该学习的。

勿因小利而害他

有一个贪心的农夫，礼请一位禅师到家里来为他的亡妻诵经超度，佛事完毕以后，农夫问道："禅师，你认为我的太太能从这次佛事中得到多少利益呢？"

禅师照实地说道："当然！佛法如慈航普度，如日光遍照，不止是你的太太可以得到利益，一切有情众生无不得益。"

农夫不是很满意，继续问道："可是我的太太是非常娇弱的，其他众生也许会占她便宜，把她的功德夺去。能否请您只单单为她诵经超度就好，不要再给其他的众生超度啦。"

禅师慨叹农夫的自私，但仍慈悲地开导道："在这个世界上的事情都是公平的，就如天上只有一个太阳，众生都可以享受阳光，一光不是照耀一人，一光可以照耀大众；一粒种子可以生长万千果实，你应该用你真心点燃的这一根蜡烛，去引燃千千万万支的蜡烛，不仅光亮增加百千万倍，本身的这支蜡烛，并不因此而减少亮光。如果人人都能抱有如此观念，则我们微小的自身，常会因千千万万人的超度之功，而蒙受很多的功德，何乐而不为呢？故我们佛教徒应该平等看待一切众生。"

农夫仍顽固地说道："这个教义很好，但还是要请法师破个例，我有一位邻居王老头，他经常欺我、害我，能不能把他从众生中除去呢？如果可以，我愿意给你更多的钱布施。"

禅师说："你这个不但做不到，而且，你这样布施的越多，你的罪越大！"

农夫茫然，若有所失。

禅告诉你答案

做功德超度亡灵虽然只是一种宗教仪式，这个故事却有某种启示意义：这个农夫只想超度自己的太太，却害怕别的亡灵受益，实在太自私了。他却没有想到，给太太营造一个良好的人际环境，比实际利益更大！

服务大众

有一天，无德禅师正在院子里锄草，迎面走过来三位信徒，向他施礼，说："人们都说佛教能够解除人生的痛苦，但我们信佛多年，却并不觉得快乐，这是怎么回事呢？"无德禅师放下锄头，安详地看着他们说："想快乐并不难，首先要弄明白为什么活着。"

甲说："人总不能死吧！死亡太可怕了，所以人要活着。"

乙说："我现在拼命地劳动，就是为了老的时候能够享受到粮食满仓、子孙满堂的生活。"

丙说："我可没你那么高的奢望。我必须活着，否则一家老小靠谁养活呢？"

无德禅师笑着说："怪不得你们得不到快乐，你们想到的只是死亡、年老、被迫劳动，不是理想、信念和责任。没有理想、信念和责任的生活当然是很疲劳、很累的了。"

信徒们不以为然地说："理想、信念和责任，说说倒是很容易，但总不能当饭吃吧！"

无德禅师说:“那你们说有了什么才能快乐呢?”

甲说:“有了名誉,就有一切,就能快乐。”

乙说:“有了爱情,才有快乐。”

丙说:“有了金钱,就能快乐。”

无德禅师说:“那我提个问题:为什么有人有了名誉却很烦恼,有了爱情却很痛苦,有了金钱却很忧虑呢?”

信徒们无言以对。

无德禅师说:“理想、信念和责任并不是空洞的,而是体现在人们每时每刻的生活中。必须改变生活的观念、态度,生活本身才能有所变化。名誉要服务于大众,才有快乐;爱情要奉献于他人,才有意义;金钱要布施于穷人,才有价值,这种生活才是真正快乐的生活。”

禅告诉你答案

服务大众,奉献他人,布施穷人,这样的生活才是有禅德的生活,也才是有价值的生活,是让人真正有快乐的生活。

用其善心

山里有一座小庙,只有禅师与小沙弥师徒二人。有一天,小沙弥问禅师:“师父,你整天说:‘境由心生,一切唯心造,心为人之灵。’那么,人的心究竟有多大?”

禅师没有直接回答,而是说:“你闭上眼睛,在心里造一座大山吧。”

小沙弥真的闭上了眼睛,等了一小会儿,他睁开眼睛说:“师父,我的大山造好了。”

禅师又说："你再造一根小草吧。"

小沙弥同样闭目想了一会儿，告诉师父小草造好了。

禅师说："你心里想着到寺院门口去一下。"

小沙弥立刻就说："师父。我已经到了。"

"那你就再到天边去一次吧。"

小沙弥同样立刻就回答："师父，我已经到了。"

禅师问他："你在制造大山与小草时，是用自己的心，还是与别人的心一起造的呢？"

小沙弥想都没想，马上说："都是用我自己的心。"

"你到寺院门口用得时间长，还是到天边用的时间长？"

小沙弥毫不犹豫地说："一样长。"

禅师第三次发问："大山很大，小草很小，大山上还长着无数小草。那么，你造大山时，是不是用全部的心？而造小草时，是不是用一部分心？"

小沙弥摇摇头，说道："不管是造长满小草的大山，还是单单造一根小草，都得用全部的心。"

于是，禅师开示说："在心中到天边与到寺院门口用的时间一样长，可见我们的心无快无慢。制造一座大山，是用一个心；制造一株小草，也得用一个心，可见心亦大亦小，能大能小。"

禅宗祖师说："止心一处，无事不办。"

心的力量，不可思议。不同用心的结果，同样不可思议。

科学家们废寝忘食思索难题，用的是这颗心；小偷惦记着将别人的东西偷到手，用的也是这颗心。好人一心向善、坏人一心作恶，都是同一颗心……

禅告诉你答案

一块石头扔到水里，肯定会沉下去。能让石头浮在水面上、不沉下去吗？当然能，只要将石头放在渡船上就可以了。那么，什么能保证我们心不会沉沦呢？这就是诸恶莫做，众善奉行——善用其心，用其善心。

关心他人

有一个十分美丽的女子，家境非常富裕，但她生性高傲，虽然不论其财富、地位、能力、权力，及漂亮的外表，都没有人能够比得上，所以总是郁郁寡欢，连个谈心的人也没有。她在苦闷中度过了无数的日子，终于，她想到了很有修为的无德禅师，希望他能给她些指点，如何才能具有魅力，以赢得别人的欢喜。

她见到了无德禅师，可是禅师只告诉她两个字“学禅”。

她想不明白，问道：“在哪里学禅呢？”

无德禅师于是和她说了很多话，于是，她明白了什么是让自己有魅力的禅——

说禅话：“就是说欢喜的话，说真实的话，说谦虚的话，说利人的话。”

听禅音：“禅音就是化一切声音为微妙的声音，把辱骂的声音转为慈悲的声音，把毁谤的声音转为帮助的声音，哭声闹声、粗声丑声，你都能不介意，那就是禅音了。”

做禅事：“禅事就是布施的事、慈善的事、服务的事、合乎佛法的事。”

用禅心：“禅心就是你我一如的心、圣凡一致的心、包容一切的心、普利一切的心。”

从此后，她一改从前的骄气，在人前不再夸耀自己的财富，不再自恃自我的美丽，对人总是谦恭有礼，对亲人尤其能够体恤关怀，不久就被称为“最具魅力的女人”了！

禅告诉你答案

有一位大师说：“人不是因为美丽才可爱，而是因为可爱才美丽。”拥有漂亮的外表却待人冷漠无情，没人会觉得她可爱。只有真心关心别人，对他人谦虚有礼，才会有好的人缘。

专门利人

有一天，禅宗四祖道信与五祖弘忍渡过滚滚长江，到庐山云游。他们登上匡庐绝顶五老峰，回首瞭望自己的道场——长江彼岸的黄梅双峰山。只见山上白云如盖，两条云带从云团中流泻下来，宛若飞流直下的瀑布，煞是壮观。

见此情景，弘忍转身对道信大师合十说道：“恭喜师父，除了我之外，您还有一位法脉源远流长的高徒。”

道信大师会心地一笑，深邃的目光转向了遥远的东方。

东方，大江滚滚，一泻千里，长空辽阔，云雾苍茫。

四祖道信将衣钵传付与五祖弘忍之后，单人轻舟，顺江而下，不一日，到达了白下(今南京辖区内)。他弃舟登岸，来到了五色祥云笼罩的牛头山。

古人云，紫气如盖神仙府，白云深处圣人家。道信大师明白，此山之中必定住有不凡之人。他来到幽栖寺，问寺里的僧人们：“这里可有修道的人？”

早期佛教往往将佛法真谛、禅的心要称之为“道”。所以，僧人也称为“道人”——修道之人。

一个僧人听得道信如此之问,不高兴了,也斜了他一眼,悻悻地说道:“出家人,哪个不是修道的人啊!”

四祖道信一笑,以高度的机锋幽他一默:“啊,你说,哪个是修道的人?”

是啊,身出家不见得就是心出家,更不是剃个光头,就是和尚!四祖之问,振聋发聩,发人深省,令人深思!

一位老僧想了想,恍然大悟似的一拍膝盖,说:“嗨,我想起来了!从这里向深山更深处走十里,有一个名叫法融的僧人独自住在那里。由于他整天只是坐禅,看见别人从不理睬,更不站起来迎接,所以大家都叫他‘懒融’。据有人看见,他打坐时,有白猿献果、百鸟衔花的神异。莫非,你找的是他?”

果然是懒融,他对四祖道信的到来视而不见,依旧端坐如故。四祖问他呆坐着干什么?他说观心。四祖不动声色地说:“观是何人,心为何物?”

对这个学佛参禅的重要话头,法融无法应对,便乖乖站立起来。当他得知问话者是大名鼎鼎的四祖道信时,连忙施礼。山里已经十分清静了,但四祖道信却非常奇特地问道:“除了这里,还有更安静的地方吗?”

四祖这一问,又蕴涵着凛冽的禅机。他实际在说,你法融日夜劳神费力将自己限制在清静中,正是为了所谓的清静而忙得不亦乐乎,热闹非凡啊!心灵真正的宴息处,不在于外境的清静与热闹啊!

可惜,法融错过了机锋,将四祖引到了他安歇的草庵——他认为更清静的地方。唉,这个法融,还在一味追求外在的安静。

法融平日与虎狼为侣,以猛兽为友,所以,他的草庵前虎踞狼奔,很是吓人。四祖故做恐怖状,受了惊吓似的举起了双手。法融心里大惑不解:你既然是悟道的大宗师,难道还有惧怕虎狼的恐怖之心吗?所以,他说道:“你还有这个在?”

四祖反问:“你看到了什么?”

这话,如同“观者何人,心为何物”一样,里面有毒!

法融没有拣择出来,拿了一只瓦钵,去给远道而来的四祖舀泉水了。四祖趁机在法融经常打坐的石凳上写了一个“佛”字。法融端水回来，刚想落座，忽然发现自己差点坐在“佛”上，悚然震惊，跳开老远。

四祖笑着问道：“你还有这个在吗？”

法融不禁打了个寒战。——这是发自灵魂的惊颤！因为，四祖自从到来，机锋百出，以“不愤不启、不悱不发”的启发式教导步步紧逼，终于使得法融对自己原来的修行方法从根本上产生了动摇。他跪倒在道信跟前，请示禅的真要。

四祖道信说道：“千百万佛法法门，同归于方寸之间；无数美妙的德行，也都源于心灵。这也就是说，佛法所说的戒、定、慧以及神通妙用，你都自然具备，这一切都不离你的心。心即是佛，佛即是心，无二无别。”

法融还是有些疑惑：“如果此心作观想修行的功夫，因外境骚扰而生起烦恼时，又如何对治它呢？”

四祖说：“外境本来就没有好恶、美丑、静闹等分别，所有的差异都是因我们的心而升起的呀！我们以自己的好恶为取舍标准，外境才会出现了差别。比如，我们认为污泥很脏，可是，美丽的莲花只有在污泥中才能生长；你若好心好意将泥鳅放在清水里，它只会死亡！因此，我们的心若不起波澜，烦恼又从哪里生起呢？心灵平静如镜，便能平等地影现出外界的一切，你就能遍知无遗了。尽管天上风云变幻，你只要随心自在，不加上任何对治的方法，自会风消云散。”

法融终于大彻大悟了。他自从接受了四祖的心法，一改往日“懒融”的习惯，开门授徒，讲经说法，整天忙得不亦乐乎。甚至，在唐高宗永徽年间，山中缺粮，他老人家就早出晚归，亲自到丹阳乞讨。他每日往返80里，背米一石八斗，供养300多名禅僧弟子修行。因此，牛头山成了吴越之间规模最大的禅修道场，牛头一宗，自然而然形成了。

禅告诉你答案

牛头法融禅师，自从见到四祖之后，反而没有了以前的悠闲自在。他不但要用心授徒，还要劳身费力背米。为什么呢？禅的真精神并不是独享清闲，它更注重普度众生而不求回报。套用一句高尚的话语，就是"毫不利己，专门利人。"

点燃我们生命的灯

漆黑的夜晚，一个远行寻佛的苦行僧到了一个荒僻的村落中，漆黑的街道上，络绎的村民们在你来我往。

苦行僧走进一条小巷，他看见有一团晕黄的灯光从静静的巷道深处照过来。一位村民说："瞎子过来了。"

瞎子？苦行僧愣了，他问身旁的一位村民："那挑着灯笼的人真是瞎子吗？"

他得到的答案是肯定的。

苦行僧百思不得其解。一个双目失明的盲人，他根本就没有白天和黑夜的概念，他看不到高山流水，也看不到桃红柳绿的世界万物，他甚至不知道灯光是什么样子的，那他挑一盏灯笼岂不令人可笑吗？

那灯笼渐渐近了，晕黄的灯光渐渐从深巷移游到了僧人的鞋上。百思不得其解的僧人问："敢问施主真的是一位盲者吗？"

那挑灯笼的盲人告诉他："是的，自从踏进这个世界，我就一直双眼混沌。"

僧人问："既然你什么也看不见，那为何挑一盏灯笼呢？"

盲者说："现在是黑夜吗？我听说在黑夜里没有灯光的映照，那么满世界的人都和我一样什么也看不见，所以我就点燃了一盏灯笼。"

僧人若有所悟地说:"原来您是为了给别人照明?"

但那盲人却说:"不,我是为自己!"

"为你自己?"僧人又愣了。

盲人缓缓向僧人说:"你是否因为夜色漆黑而被其他行人碰撞过?"

僧人说:"是的,就在刚才,我还不留心被两个人碰了一下。"

盲人听了,深沉地说:"但我却没有。虽说我是盲人,我什么也看不见,但我挑了这盏灯笼,既为别人照亮了路,也更让别人看到了我。这样,他们就不会因为看不见而碰撞我了。"

苦行僧听了,顿有所悟。他仰天长叹说:"我天涯海角奔波着找佛,没有想到佛就在我的身边。原来佛性就像一盏灯,只要我点燃了它,即使我看不见佛,佛也会看得到我。"

禅告诉你答案

为别人点燃我们生命的灯吧。这样,在生命的夜色里,我们才能寻找到自己的平安和灿烂!

施比拿愉快

一位行善的和尚,临终后想见西天极乐世界与地狱究竟有何差异,于是阴判官就先带他到地狱去参观。

到了地狱,在他们面前出现了一张很大的餐桌,桌上摆满了丰盛的佳肴。地狱的生活看起来还不错嘛!阴判官对他说:"不用急,你再继续看下去。"

过了一会,用餐的时间到了。只见一群骨瘦如柴的饿鬼鱼贯地入座。每个人手上拿着一双长十几尺的筷子。可是由于筷子实在是太长了,最后每个人都夹得到而吃不到。

“你真觉得很悲惨吗？我再带你到西天极乐世界看看。”阴判官说。

到了西天，同样的情景，同样的满桌佳肴，每个人同样用一双十几尺长的筷子。围着餐桌吃饭的人们，他们也用同样的筷子夹菜，不同的是，他们喂对面的人吃菜，而对方也喂他吃。因此每个人都吃得很愉快。

禅告诉你答案

“施永远比拿愉快”。正由于你施给了他人，他人才能施舍于你。

帮助他人脱离困难

月船禅师是位善于绘画的高手，可是他每次作画前，坚持购买者先行付款，否则绝不动笔，对于这种作风，有些社会人士经常有微词私下批评。

有一天，一位女士请月船禅师帮她作一幅画，月船禅师问：“你能付多少酬劳呢？”

那位女子回答说：“你要多少我就付多少！但我要你到我家去当众挥毫泼墨！”

月船禅师允诺跟着前往，原来那女子家中正在宴请客人，月船禅师用上好的毛笔为她作画，画成之后，拿了酬劳正想离开。那位女士就对席间的客人说：“这位画家只知道要钱，他的画虽画得很好，但心地肮脏。金钱污染了善美，出于这种污秽心灵的作品是不宜挂在客厅的，它只能装饰我的一条裙子。”

女士说着便将自己穿的一条裙子脱下，要月船禅师在它后面作画。月船禅师问：“你出多少钱啊？”

女士回答："哦，随便你要多少我都给你。"

月船禅师开了一个特别昂贵的价格，然后依照那位女士的要求画了一幅画，画完立即离开。

很多人怀疑，为什么只要有钱就好？受到任何侮辱都无所谓的月船禅师，心里是怎么想的呢？

原来，在月船禅师居住的地方常发生灾荒，富人不肯出钱救助穷人，因此他建了一座仓库，贮存稻谷以供赈济灾民。又因为他的师父生前发过誓愿建一座禅寺，但却不幸其志未成而身亡，月船禅师要完成老人家的志愿。

当月船禅师完成其愿望后，立即抛弃画笔，退隐山林，从此不再作画。他只说了这样的话："画虎画皮难画骨，画人画面难画心。"

禅告诉你答案

钱，是丑陋的；心，是清静的。有禅心的人，不计较人间的毁誉，像月船禅师。以自己的艺术素养，求取净财救人救世，他的画不能以一般画来论，应该称为禅画了。因为他不是贪财，他是舍财，可是世间有多少人能懂得这种禅德呢？

宝藏就是向善的心

有一次，石屋禅师和一个偶遇的青年男子结伴同行，天黑了，那个男子邀请禅师去他们家过夜，对他说道："天色已晚，不如在我家过夜，明日一早再行赶路？"

禅师向他道谢，与他一同来到了他家。半夜的时候，禅师听见有人蹑手蹑脚地来到了他的屋子里，禅师大喝一声："谁！"

那人被吓得跪在地上，禅师揭去他脸上蒙着的黑布一看，原来是白天和他同行的青年男子。

“怎么是你？哦，我知道了，原来你留我过夜是为了这个！我一个和尚能有多少钱！你要干就去干大买卖！”

那男子说道：“原来是同道中人！你能教我怎么干大买卖吗？”他的态度是那么恳切，那么虔诚。

禅师看他这样，对他说道：“可惜呀！你放着终生享用不尽的东西不去学，却来做这样的小买卖。这种终生享用不尽的东西，你想要吗？”

“这种终生享用不尽的东西在哪里？”

禅师突然紧紧抓住男子的衣襟，厉声喝道：“它就在你的怀里，你却不知道，身怀宝藏却自甘堕落，枉费了父母给你的身子！”

真是一语惊醒梦中人啊！这个人从此改邪归正，拜石屋和尚为师，后来成为一名著名的禅僧。

禅告诉你答案

每个人都有向善和向恶的可能。可这种向善的心就是我们每一个人所怀的宝藏，我们一定要坚持向善而行，切不可走向歧路。

拥有一丝善心

一日，佛祖闲来无事，从地狱之井向下望去，只见无数生前作恶多端的人正因自己的邪恶而饱受地狱之火的煎熬，脸上写着无比痛苦的表情。

此时，一个强盗看到了慈悲的佛祖，马上祈求佛祖救他。佛祖知道这个人生前是个无恶不作的大盗，他抢劫他人财物，任意屠杀生灵。但是，他也不是一次善事都没做过。有一次他走路的时候，正要踩到一只小蜘蛛时，突然心存善念，移开了脚步，放过了那只小蜘蛛，这成了他一生中罕见的善业。

想到这里，佛祖认为他还有一丝善心，于是决定用那只小蜘蛛的力量来救他脱离苦海。

佛祖从井口垂下去一根蜘蛛丝，大盗像发现了救命稻草一样拼命抓住了那根蜘蛛丝，然后用尽全力向上爬。可是其他在井中接受煎熬的人看到这样的机会都蜂拥着抓住了那根蜘蛛丝，无论大盗怎么恶言相骂，他们就是不肯松开双手。

蜘蛛丝上的人越来越多了，大盗因为担心蜘蛛丝太细，不能承受这么多人的重量，从而将自己脱离苦海的唯一希望毁坏，于是便用刀将自己身下的蜘蛛丝砍断了。结果，蜘蛛丝突然消失了，所有的人又重新跌入万劫不复的地狱。大盗连最后的一点怜悯都没有了，佛祖怎么会救他呢？

其实，既然蜘蛛丝是佛祖抛下来的，又怎么会断呢？

禅告诉你答案

在这个世界中，很小的善，可以拯救众多的生命；很小的恶，可以毁了一个人最大的希望。

与人一起分享

禅师在院子里种了一颗菊花，第三年的秋天，院子成了菊花园，香味一直传到了山下的村子里。

凡是来寺院的人都忍不住赞叹道：“好美的花儿呀！”

一天，有人开口，向禅师要几棵花种在自家院子里，禅师答应了。他亲自动手挑拣开得最鲜、枝叶最粗的几棵，挖出根须送到了别人家里。消息很快传开了，前来要花的人接连不断。在禅师眼里，这些人一个比一个知心、一个比一个亲近，都要给。不多日，院里的菊花就被送得一干二净。

没有了菊花，院子里就如同没有了阳光一样寂寞。

秋天最后的一个黄昏，弟子看到满院的凄凉，说道："真可惜！这里本应该是满院香味的。"

禅师笑着对弟子说："你想想，这样岂不是更好，三年后一村子菊香！"

"一村菊香！"弟子不由心头一热，看着禅师，只见他脸上的笑容比开得最好的菊花还要灿烂。

禅师说："我们应该把美好的事与别人一起共享，让每一个人都感受到这种幸福，即使自己一无所有了，心里也是幸福的！这时候我们才真正拥有了幸福。"

禅告诉你答案

不要总想着自己，应该把自己美好的东西拿出来与别人一起分享。当你看到别人脸上洋溢的笑容时，你会体会到，其实与别人分享幸福比自己占有幸福更幸福！

送人玫瑰，手有余香

道林禅师喜欢一个人住在树上，与鸟巢为邻。

有一次，白居易去拜访道林禅师，只见道林禅师在鹊巢边坐禅，他于是站在树下仰着头对道林禅师说："你这样住在树上实在是太危险了，赶快下来吧！"

禅师说："我的处境一点都不危险，只要我小心，就一定不会掉下去的；相反，你的处境才是最危险的！即使你尽量避免，有的时候你却是避不过的，真正要小心人的不是我，而是你自己。”

白居易说：“我是当朝重要的官员，我的生活十分太平，没什么危险。”

道林禅师说：“薪火相交，难道还不够危险吗？官场如战场，众人从无一心，你来我往，危险就在眼前！”

白居易听了禅师的话，觉得很有道理，于是又问道：“佛法是如何解释的呢？”

禅师回答道：“不要做一件坏事，不要不做一件好事！”

白居易听了感到很失望，他说：“我以为是什么高深的理论呢，这样的道理连3岁小孩儿也知道，何必说出来呢？这不是侮辱我吗？”

禅师说：“3岁孩儿都明白的道理，80岁老翁却不明白。世人皆为功名利禄，即使身处险境也执迷不悟。就连3岁小孩也明白的道理，又有几个人能真正地做到呢？如果每个人都只做好事而不做坏事，那么邪恶将从这个世界上消失，人间一定是快乐祥和的，难道还会像现在这样处处险境吗？”

是啊，道理很简单，关键是做起来难。人心的欲望有时候连自己都控制不了。

禅告诉你答案

送人玫瑰，手有余香。做一件好事，积点善德，既帮助了他人，又快乐了自己，何乐而不为？

坦率真诚

有一个年轻的居士，前去拜访一位高僧。他们从早上一直谈到中午，禅师觉得这个居士十分博学。到了吃饭的时间，小和尚看两人谈得投机，便为两人准备了一大一小两碗面。

高僧看了一下面条，将大碗推到居士面前，说道："你吃大碗的吧！"

按照常理，居士应该将大碗再推回到高僧面前，以示恭敬，可是居士一点都没有推让，张口就吃。高僧见他这样，不由皱起了眉头，心里想："本以为他慧根不浅，可是居然一点都不懂得礼仪！"

居士吃完后，看见高僧根本就没有动筷子，还看到高僧脸上的愠色，便笑着问高僧："师父为何不吃？"

高僧一语不发。居士笑着说："我确实是饿了，只顾自己狼吞虎咽，忘记让师父了。如果我将你推给我的大碗再推到您面前，那不是我的本愿。既然不是我的本愿，我为什么要那样做呢？我要问师父，你推我让的目的是什么？"

高僧答："吃饭。"

居士严肃地说："既然目的是吃饭，您吃是吃，我吃也是吃，何必再你推我让！难道您把大碗让给我不是真心的吗？如果不是真心的，那你为什么要那样做呢？"

高僧听完居士的话顿有所悟，泪花夺眶而出。

禅告诉你答案

过分客气是虚假的表现，烦琐礼仪是多余的形式，坦率真诚才是做人的本色，这样才会赢得更好的人缘。

诚实是最好的老师

有一个和尚找了个寺院，欺世盗名，居然收了几个门徒。每天就是让弟子们读书扫地，管理菜园子。他自己每天则像个禅师一样打坐，然后把从书上看来的偈语讲给弟子听。

每天中午，和尚都要到禅房中小睡片刻，弟子们问道："老师为什么每天中午都要午睡？"和尚回答道："孔子每天都要小睡片刻，他在梦中和周公讨教，醒来后就将先贤所说的话告诉弟子们。我也是这样的，在梦里我也能见到先贤！"

弟子们一听是这样，然后就起身告辞，去做自己的事了。

一日，天气非常炎热，盛夏的蝉鸣声声入耳，仿佛催眠曲般催人入睡。弟子们正在禅房打坐，有几个弟子抵不住困倦，坐在那里睡着了。和尚发现弟子打坐的时候居然睡着了，便把他们叫醒，训斥道："打坐的时候应该心如止水，你们怎么能够睡着呢？"

弟子们醒来，揉着蒙眬的眼睛说道："我们到梦乡去见古圣先贤了，就像孔子梦见周公一样。"

和尚愣了一下，这正是自己说的话呀，怎么办呢？如果不能有一个好的解释，那不是否定自己说的话吗！突然他灵机一动，便问道："古圣先贤给了你们一些什么训示？说来听听！"他暗暗为自己的聪明而高兴。

弟子们答道："在梦里我们遇到了古圣先贤，便问道：'我们的老师不是每天中午都来和你们讨教吗？你们能不能也教我们一些？'但是他们答道：'我们从来就没有见到过你们的老师呀！'"

和尚搬起石头砸了自己的脚，后悔不已！

禅告诉你答案

在生活面前，诚实是最好的老师。诚实，可以走好每一步；欺骗，只能让自己陷入更深的旋涡。

与人为善

有一个乞丐，总是躲在寺庙的一个角落里静静地合掌念佛。然后就去乞讨，每当有人施舍的时候，他总是面露喜色，不停地说："因缘！因缘！"即使不给，他也会说："因缘！因缘！"小孩子用石头打他，他也只是说："因缘！因缘！"因此，人们称他为"因缘乞丐"。

晚上，他没有住的地方就在别人的屋檐下过夜。一个寒风刺骨的晚上，一个书生因为天黑没有看见他，竟在他头顶上小解，乞丐醒来，喃喃地说："因缘！因缘！"

书生大吃一惊，不停地道歉，乞丐急忙说："不敢当，不敢当，都怪我睡错地方，吓着了你，这也是你我的因缘。你向一个乞丐道歉，实在是让乞丐不安！"书生被他深深地感动了，立刻向他许诺说："只要我死在你的后面，我一定厚葬你！"

没过多久，因缘乞丐就在一家人的屋檐下死去了。书生信守诺言，为乞丐举行了隆重的葬礼，然后将其火化。但是奇怪的事发生了，乞丐居然在火焰中获得了重生，他浑身散发着耀眼的金光，向书生说道："感谢你将我的肉身超度，剩下的东西算是给你的补偿。"然后就消失了。

后来，书生在乞丐的骨灰中发现了几十颗水晶般透明的紫色舍利子。

切莫以貌取人，处处有佛性，人人均是佛。

禅告诉你答案

投之以木瓜，报之以琼瑶。与人为善，人必与你为善，你一定会获得好的回报。

弃恶行善为正途

白隐禅师是日本江户时代中期的禅僧，也是临济宗的中兴祖师。他不慕名利，终生都住在乡下的小庙里，以写作和说法来普度众生，他的门下如东岭圆慈、峨山慈掉等，个个才智出众。一个武士去拜访著名的白隐禅师，向他请示说："禅师，你说的地狱与极乐之说到底是真实的呢，还是杜撰的？如果是真实的，能否带我亲自参观一遍呢？"

白隐禅师立刻用恶毒的话攻击武士的品行道德，骂他是个徒有虚名的伪君子，骗钱骗色的大混蛋。

武士十分惊讶，但还是以一个武士应有的修养忍耐，尽量克制自己不发火。

没想到白隐禅师骂上了瘾，居然嘲弄说武士的剑连只老鼠都砍不死，还有脸来问道参禅。

武士再也忍不住了，拔出腰里的佩剑就去杀白隐禅师，骂道："你这个秃驴实在是个无赖！我谦虚诚恳地来问道，怎可如此出口伤人？"

他瞪着血火的双眼，浑身杀气腾腾，剑尖指着禅师的鼻子，一步步把白隐禅师逼到一个角落里。

白隐禅师躲到柱子后面，面不改色地说："你不是要求我带你参观地狱吗？你看，现在不就是地狱吗？"

武士一愣，察觉到自己的失态，明白了禅师的苦心，连忙跪地道歉说："对不起，禅师！刚才是我鲁莽失态了！请原谅。"白隐禅师微微一笑，说道："你看，这就是极乐！"

有禅云："念正天堂路，念邪地狱门，万法由心生，万事由心灭。"一善发动即是天堂极乐，一恶发动即是地狱修罗。白隐禅师要告诉武士的其实就是这些。

禅告诉你答案

人生在世,要弃恶行善。如果让恶的想法占据了心灵,就有可能让自己犯下不可饶恕的行为,使自己的人生走上不归途。

播种美德

佛陀带领众弟子云游四方十年后,回到了山上寺院前的一块草地上。佛陀说:“十年云游,你们一定增长了许多见识。现在师父给你们上最后一课。你们看,旷野里有什么?”

众弟子一听,都笑了。齐声说:“旷野里长满杂草。”

佛陀又问:“你们该怎样除掉这些杂草?”

弟子们很惊讶,他们没想到师父会问这么简单的问题。

第一个弟子说:“师父,只要有把铲子就够了。”佛陀点点头。

第二个弟子说:“师父,用火烧。”佛陀笑了一下。

第三个弟子说:“师父,在草上撒上石灰。”

第四个弟子说:“把草根挖出来,斩草除根就行了。”

等弟子们都说完了,佛陀告诉大家:“今天的课就上到这里。明天你们下山,按照你们自己的说法去除草。一年后再回来。”

一年后,弟子们都回来了。不过原来他们坐的地方已经不是杂草丛生,它变成了一片长满庄稼的田地。这时,佛陀说:“今天我给你们补上这最后一课。要想除掉杂草,方法只有一种:那就是在上面种上庄稼。同样,要想让心灵不荒芜,唯一的方法就是修养自己的美德。”

禅告诉你答案

美德是一个人立身行事的基础，以美德为本，人的生命才会绽放出最艳丽的花朵，结出最丰硕的果实。所以，清除心田杂草的最好办法就是播种美德的稻谷。

同情和帮助他人

阿那律是一位精进的修道者。他专心诵读经文，时常通宵不睡觉。因为过度疲劳，所以眼睛瞎了。他虽然伤心，却不颓丧，反而更加勤奋学习。

有一天，他的衣服穿了一个洞，便自己动手缝补。后来线脱了，他又看不见，十分狼狈。佛陀知道阿那律的困难，便来到他的房中，替他取线穿针。

“是谁替我穿针呢?”阿那律问。

“是佛陀为你穿针。”佛陀一面回答，一面为他缝补破洞。阿那律感动得流下泪来。

“同情别人，帮助别人，是我们应有的责任。”佛陀教训大家说。

佛陀以身作则，给大家作一个好榜样。弟子们知道了，十分感动，都互相勉励，互相帮助，为大众服务。

禅告诉你答案

一个人人生的价值不在于其地位的高低，而是在于他对社会贡献的大小。只有热心帮助别人，努力为大家做好事，才能赢得别人的认可和尊重。

第六章

CHAN
GAOSUNI DAAN

禅告诉你知足常乐的快乐

只要我们拥有一颗知足常乐的禅心，我们就能够不让自己被世俗的名利所缠绕，被欲望的包袱所压迫，不为荣辱的负担所压抑，让自己的心情淡泊宁静，在日常生活感觉到拈花微笑般的幸福，使自己的人生充满着满足和舒畅。

知足常乐

南阳慧忠禅师被唐肃宗封为“国师”。有一天，肃宗问他：“朕如何可以得到佛法？”

慧忠答道：“佛在自己心中，他人无法给予！陛下看见殿外空中的一片云了吗？能否让侍卫把它摘下来放在大殿里？”

“当然不能！”

慧忠又说：“世人痴心向佛，有的人为了让佛祖保佑，取得功名；有的人为了求财富、求福寿；有的人是为了摆脱心灵的责问，真正为了佛而求佛的人能有几个？

“怎样才能有佛的化身？”

“欲望让陛下有这样的想法！不要把生命浪费在这种无意义的事情上，几十年的醉生梦死，到头来不过是腐尸与白骸而已，何苦呢？”

“哦！如何能不烦恼不忧愁？”

慧忠答：“您踩着佛的头顶走过去吧！”

“这是什么意思？”

"不烦恼的人,看自己很清楚,即使修成了佛身,也绝对不会自认是清净佛身。只有烦恼的人才整日想摆脱烦恼。修行的过程是心地清明的过程,无法让别人替代。放弃自身的欲望,放弃一切想得到的东西,其实你得到的将是整个世界!"

"可是得到整个世界又能怎么样?依然不能成佛!"

慧忠问:"你为什么要成佛呢?"

"因为我想像佛那样拥有至高无上的力量。"

"现在你贵为皇帝,难道还不够吗?人的欲望总是难以得到满足,怎么能成佛呢?"

是啊,欲望永远没有止境!即使是皇帝也有种种欲望,世人求佛究竟是为了什么?

禅告诉你答案

人的欲望总是没有止境的,满足了这一个,马上又会出现了下一个。因此,人要想生活得快乐,就必须合理控制自己的欲望,做到知足常乐。

欲望应有所节制

有个人去沙漠寻找宝藏,可是宝藏还没有找到,身上所带的食物和水却都已经用完了。没有了食物和水,他感到身上一点力气也没有,只能静静地躺在沙地上等待死神的逼近。

在奄奄一息的时刻,寻宝人向佛做了最后的祈祷:"佛啊,请您帮帮我这个可怜的人吧!"

这时,佛真的出现了,问他:"你想要什么呢?"

寻宝人急忙回答:"我想要食物和水,哪怕只是很少的一点也行啊!"

佛于是满足了他的要求,给了他不少的食物和水。

而他吃饱喝足后，又继续向沙漠深处进发。不久，他居然找到了宝藏，于是他贪婪地把宝物装满身上所有的口袋，并且还背了一个重重的袋子。

可是，此时他又没有多少食物和水了。他带着宝物往回走，由于体力不断下降，他不得不扔掉一些金银珠宝。他一边走一边扔，最后居然把身上所有的宝物都扔掉了。最后，他躺在地上，再次等待死亡的临近。

寻宝人临死之前，佛又出现了，问："现在你要什么东西呢？"

他有气无力地回答："食物和水，更多的食物和水！"

禅告诉你答案

一切欲望皆由心生。人总是在满足一个欲望的同时，又产生新的欲望。而欲望是无止境的，人应该对欲望有所节制。不然人生的快乐与幸福就会陷入欲望的深深沟壑。

别被欲望的锁链拴住

有一位修行人，离开了他原先修行时所在的村庄，到荒无人烟的深山老林里去进一步苦修。他只带了一块布当做衣服，就一个人到山里去了。

住了一段时间，他在洗衣服的时候，发现需要另外一块布来替换，就下了山，回到村里，向村民们讨一块布当做衣服。村民们都知道他是一位虔诚的修行人，毫不犹豫地给了他一块布。

这位修行人回到山里，不久，他发现在他住的茅草屋子里，有一只老鼠。这只老鼠经常在他专心打坐的时候，出来咬他那件准备换洗的衣服。他在这以前已经发过誓，说自己一生会严格遵守不杀生的戒律，因此他不愿意去伤害那只老鼠。但他又没办法赶走那只老鼠，所以他又回到村里，向村民要了一只猫来饲养。

带回了这只猫之后，他又想：这只猫要吃什么呢？这只猫是用来吓走老鼠的，不是让它去吃老鼠的。但这只猫总不能跟我一样，每天只吃一些水果和野菜吧！于是他又向村民讨了一头奶牛，这样，这只猫就可以靠喝牛奶活下去了。

修行人在山里住了一段时间以后，发现每天都要花很多的时间来照顾那头奶牛，于是他又回到村里，找了一个无家可归的流浪汉，将他带到山中，帮自己照顾奶牛。

流浪汉在山中住了一段日子后，向修行人抱怨说：我跟你不一样，我需要一个女人，我想要过正常的家庭生活。修行人一想，也有道理，我不能强迫别人一定要跟自己一样啊。

于是他又下山，给流浪汉找了一个老婆……

故事就这样不断地演了下去。到了后来，大半个村子都搬到山上去了。

欲望就是这样的一条锁链，接二连三，无休无止，越来越长。不知不觉间，我们就被自己欲望的锁链牢牢地拴住了。

禅告诉你答案

如果我们被欲望的锁链拴住，我们就会失去人生的自由而得不偿失。

名利终是一场空

游方和尚问曹山禅师："人世间最珍贵的东西是什么？"

曹山禅师抬眼远眺，只见树的枝丫上悬挂着一团黑色的尸体，于是说道："死猫的头最珍贵！"

和尚游方不解地问道："为什么呢？为什么世人认为一钱不值的东西，禅师竟认为是人世间最珍贵的?”

曹山笑着说:“樗树根大枝弯,世人因为看它无用,它便得以生存;栎树虽然一表树才,但是做船船沉,做棺腐朽,造器具即折毁,当屋柱生蛀虫,完全没有用处,唯一有用的就是可以用来乘凉。正是因为它们无用所以才珍贵!死猫儿头最贵,因为没有人出价争夺,也没有人出得起性命价钱呵!”

世人贪名逐利,你欺我骗,斤斤计较成败得失,人生本来就不易,何必再假惺惺!

一串珍贵珠宝,勾得多少人争夺?一方官印,引起多少干戈?

禅告诉你答案

把生命都耗费在名利上,到头来只能是一场空;世俗无价值的清明自在是生命的至宝,使我们不会感觉到空虚,不受世俗伤害,看到生命的本源,找到人生的快乐。生命的最高境界,应该是无争、无价、安宁、幸福。财色与名利只不过是人生的泡沫与尘灰,何必抵死相争?

克制不合理的欲望

一个僧人惊慌失措地从树林中跑过来,刚好碰到两个非常要好的朋友在林边漫步。他们问僧人说:“你这样惊慌失措是为了什么?”

僧人说:“太可怕了,我在树林中挖出了一堆黄金!”

两个人心里禁不住说:“这个傻瓜!挖出了黄金,这么好的事他居然说太可怕了,真是天大的傻瓜!”于是他们问道:“在哪里挖出来的?你告诉我们吧!”

僧人说:“这么厉害的东西,你们不怕吗?它会吃人的!”那两个人不以为然地说:“我们不怕,你就告诉我们在什么地方能够找到它吧!”僧人说:“就在树林最西边的那棵树下面。”两个朋友立刻找到那个地方,果然发现了那些金子。一个人对另一个人说:“那个僧人真是太愚蠢了,人人都渴望的黄金在他眼里居然成了吃人的东西!”另外一个人也随声附和地点头称是。

他们于是讨论怎么把这些黄金拿回去。其中一个说:“白天把它拿回去不太安全,还是晚上拿回去好一些,我留在这里看着,你去拿些饭菜来,我们在这里吃完饭,然后等到天黑了再把黄金拿回去。”

另外一个人就照他说的去做了。留下的那个人心想:“要是这些黄金都归我该有多好呀!等他一回来,我就用木棒把他打死,这些黄金就全是我的了。”

回去拿饭的人也在想:“我回去先吃饱饭,然后给他的饭里下毒药,他死了,黄金就全是我的了。”

他刚一到那里,另一个人从背后狠狠地用木棒将他打死了,然后说道:“亲爱的朋友,是黄金逼迫我这样做的。”

然后他就拿起那个人送来的饭,狼吞虎咽地吃起来了,没过多久,他感觉肚子里像火烧一样,他知道自己中毒了,临死的时候他说道:“僧人说的话真是太对了!”

禅告诉你答案

人为财死,鸟为食亡!都是贪念惹的祸,欲望把最亲密的朋友变成了敌人。所以,人要善于克制住自己不合理的欲望。

贪欲无法满足

有个人问禅师:“世上最可怕的是什么?”

禅师说:“欲望!”

那个人满脸疑惑。

禅师说："听我讲一个故事吧！"

有一个农民想要买一块地，他听说有个地方的人想卖地，便决定到那里打探一下。到了那个地方，他向人询问："这里的地怎么卖呢？"

当地人说："只要交 1000 块钱，然后就给你一天时间，从太阳升起的时间算起，直到太阳落下地平线，你能用步子圈多大的地，那些地就是你的了，但是如果不能回到起点，你将不能得到一寸土地。"

这个人心想："那我这一天辛苦一下，多走一些路，岂不是可以圈很大一块地，这样的生意实在是太划算了！"于是他就和当地的人签订了契约。

太阳刚一露出地平线他就迈着大步向前疾走，到了中午的时候，他回头已经看不见出发的地方了才拐弯。他的步子一分钟也没有停下，一直向前走着，心里想："忍受这一天，以后就可以享受这一天的辛苦带来的欢悦了。"

他又向前走了很远的路，眼看着太阳快要下山了，他心里非常着急，因为如果他赶不回去的话就一寸地也不能得到了，于是他走斜路向起点赶去。可是太阳也马上就要落到地平线下面了。于是他加紧了脚步，只差两步就要到达起点了，但是他的力气已经耗尽，倒在了那里，倒下的时候两只手刚好触到了起点的那条线。那片地归他了，可是又有什么用呢？他的生命已经失去了，还有什么意义呢？

禅师讲完，闭目不语，弟子从这个故事中知道了答案。

禅告诉你答案

人的欲望与现实之间的鸿沟永远无法逾越，因为人的贪欲永无止境，永远无法满足，这正是人性最大的缺憾。因此人要学会知足常乐。

坦然面对诱惑

色即是空，空即是色。眼中有色，心中无色，才能坦然面对世间的各种诱惑。

曾经有一次，洞山禅师与云居禅师闲聊，突然洞山禅师问云居禅师道："你爱色吗？"

云居正在用竹箩筛豌豆，听到洞山这样一问，吓了一跳，筐里的豆子也撒了出来，滚到了洞山的脚下。洞山笑着弯下腰，把豆子一粒一粒地捡了起来。

云居禅师脑中依然回想着洞山禅师刚才问过的话，但他不知道该怎么回答，这个问题也实在是没有办法回答。

"色"包含的范围太大了！女色、颜色、脸色……

你穿衣服不得挑颜色吗？你吃佳肴喝美酒不得看重菜色、酒色吗？你选宅第房舍不得注意墙色吗？你会按照别人的脸色行事吗？你贪恋黄金白银的财利吗？你恋慕妖媚艳丽的女色吗？

……

云居禅师放下竹箩，心中还在翻腾。他想了很久才回答道："不爱！"

洞山一直在旁边看着云居受惊、闪躲、逃避，他惋惜地说："你回答这个问题之前想好了吗？等你真正面对考验的时候，是否能够从容面对呢？"

云居大声说道："当然能！"然后他向洞山禅师脸上看去，希望能得到他的回答，可是洞山只是笑，没有任何的回答。

云居禅师感到很奇怪，反问道："那我问你一个问题行吗？"

洞山说："你问吧！"

云居问："你爱女色吗？当你面对诱惑的时候，你能从容应付吗？"

洞山哈哈大笑地说："我早就想到你要这样问了！我看她们只不过是美丽的外表掩饰下的臭皮囊而已。你问我爱不爱，爱与不爱又有什么关系呢？只要心中有自己坚定的想法就行了，何必要在乎别人怎么想！"

是啊，有些人内心荡漾，不是为那开在幽幽丛园的迷人鲜花，而是从内心深处崇敬着不为名利所动落根在青青原野的劲草；而有些人内心永恒，不再被人生旅途中响亮的掌声所牵绊，而是对在痛苦和希望中徘徊的日子充满无限怀恋。其实，时间可以淡褪一切，在深沉的凄迷中，只要愿意用心泉去灌醒奄奄一息的生命之花，愿意化作一缕阳光照亮世人心中的神圣殿堂，化作一丝清泉，洁净诗人面对诱惑时不能自控的心房。面对诱惑，均可坦然！

禅告诉你答案

在人生的道路上，时时处处充满着诱惑。面对种种诱惑，该怎样去做呢？面对种种诱惑，你是否选择了冷静，选择了放弃？

今日的幸福最可贵

从前，圆音寺的横梁上有个蜘蛛有了佛性。

有一天，佛主光临了圆音寺，对蜘蛛说："我来问你个问题，世间什么才是最珍贵的？"

蜘蛛想了想，回答说："世间最珍贵的是'得不到'和'已失去'。"佛主点头离开了。

过了一千年，佛主又来了，对蜘蛛说："那个问题你有更深的认识吗？"

蜘蛛说："我觉得世间最珍贵的是'得不到'和'已失去'。"

又过了一千年。有一天，刮起了大风，风将一滴甘露吹到了蜘蛛网上。蜘蛛望着晶莹透亮的甘露，顿生喜爱之情。突然，刮起了一阵大风，将甘露吹走了。蜘蛛一下子觉得失去了什么，感到很伤心。这时佛主又来了，问蜘蛛："世间什么才是最珍贵的？"

蜘蛛说："世间最珍贵的是'得不到'和'已失去'。"

佛主说："好，那我让你到人间走一遭吧。"

蜘蛛投胎到了一个官宦家庭，名叫蛛儿，一晃长到十六岁，成了婀娜多姿的少女。

有一天，皇帝在后花园为新科状元郎甘鹿举行宴席。席间，来了许多妙龄少女，包括蛛儿和长风公主。蛛儿觉得这是佛主赐予她的姻缘。但是，几天后，皇帝命新科状元甘鹿和长风公主完婚；蛛儿和太子芝草完婚。蛛儿深受打击，灵魂就要出壳。太子芝草赶来，对蛛儿说："在后花园众姑娘中，我对你一见钟情。如果你死了，我也就不活了。"说着就拿起了宝剑要自刎。

这时，佛主来了，他对蛛儿说："你可曾想过，甘露（甘鹿）是由谁带到你这里来的呢？是风（长风公主）带来的，最后也是风将它带走的。甘鹿是属于长风公主的，他对你不过是生命中的一段插曲。而太子芝草是当年圆音寺门前的一棵小草，他仰慕你三千年，你却从未低头看过它。我再问你，世间什么才是最珍贵的？"

蛛儿大彻大悟。

禅告诉你答案

世间最珍贵的不是"得不到"和"已失去"，而是现在能把握的幸福！昨日的已过去，明日的还没到来，只有今日的最可贵。珍惜现在，紧紧把握你今日所拥有的，你将是天下最幸福的人。

学会珍惜一切

钦山和尚与雪峰禅师一起前往江西洞山，停下来歇息的时候，雪峰脱下鞋，发现又磨破了两处衬底，不觉惋惜地说道："您挺着点，咱们还要走三个多月才能到江西洞山呐！"

钦山见雪峰对着一只鞋子自言自语,忍不住笑了,说道:“对一双鞋子也这样礼拜,真是有佛心啊!”

雪峰说道:“懂得珍惜的人,才能领悟生命的奥秘!”

正说着,钦山忽然叫喊起来:“看!河里漂下来一片菜叶!河流上游肯定有人家,我们到那里去度人吧?”

雪峰说:“这么好的菜叶居然丢掉,实在是太可惜了,这样不知道珍惜的人太不值得我们去度了,还是到别的地方去吧!”

然后伸手把菜叶捞了起来,两人正要起身离去的时候,忽然看见一个人顺着河水飞跑下来,大声地喊道:“喂!喂!和尚,你们有没有看见一片菜叶从上游漂下来?那是我刚才洗菜时一不小心被水冲走的,要是找不回来就太可惜了,多好的一片菜叶呀!”

雪峰把菜叶从兜里拿出来,那个人高兴地笑了:“好哇!终于找回来了!”

不知道珍惜生活中的一点一滴,怎么能够认清生命的本来面目呢?二人互相望了一眼,不约而同向地向上游走去……

禅告诉你答案

人生中的任何事物都来之不易,我们要学会珍惜。珍惜自己,珍惜他人,珍惜时间,珍惜缘分……

不要渴求虚幻的东西

有个富商碰见了一个乞丐,那个乞丐说:“你我是以前的旧相识,能给我一些钱吗?”那个富商仔细看了看那个人说:“我认出你了,你家里不是挺殷实富裕的吗?怎么沦落到这种地步?”

那个乞丐说:“唉！去年一场大火将我的全部财产都夺去了。”

富商问道:“你为什么要当乞丐?”

乞丐说:“为了要钱来买酒喝呀!”

“那你又为什么要喝酒?”

“喝了酒,才有勇气乞讨呀!”

富商脑中轰然一声,似乎看见了愚痴人间的愚痴众生。

他感叹道:“世人谁不是这样愚痴一生呢？为了酒、色、财、气耗尽了一生,最终还是尘归尘,土归土,这又何必呢?”然后他去拜访智封禅师,请示道:“我的未来会怎样呢?”

智封禅师笑着说:“太阳从西边升起来,照在树上没有一点儿影子!”

“太阳照在树上怎么会没有影子呢？西边,你确定是西边吗?”

人的未来如同太阳西升,是没影子的事,为什么要为眼前的事烦恼？烦恼、挂虑、忧伤、痛苦,如果整日计较这些,生活就太辛苦了！只有怀抱善良、慈悲、包容、仁爱、无争执、无仇恨,人间才是快乐的天堂。

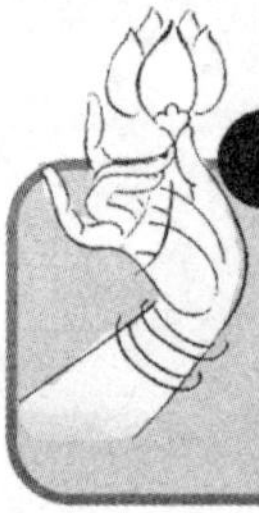

禅告诉你答案

一个心灵苦旱的人,与其渴求远天的虚幻云影,不如珍惜身边的滴滴甘露。

快乐要依靠自己

有一个青年,总是烦恼,于是他就寻求解脱之法。

一天,在一位高人的指点下,他来到了方寸山灵台洞,果然见一长髯老衲独坐其中。烦恼少年长揖一礼,向老衲说明来意。

老衲微笑着摸摸长髯，问道：“这么说你是来寻求解脱的？”

“对对对！恳请前辈不吝赐教，指点迷津。”烦恼少年说。

老衲答道：“请回答我的提问。”

“有谁捆住你了么？”老衲问。

“……没有。”烦恼少年先是愕然，而后回答。

”既然没有人捆住你，又谈何解脱呢？”老衲说完，摸着长髯，大笑而去。

烦恼少年愣了一下，想了想，有些明白了：是啊，又没有任何人捆住我，我又何须寻找解脱之法呢？我这不是自寻烦恼，自己捆住了自己吗？

少年正欲转身离去，忽然面前成了一片汪洋，一叶小舟在他面前荡漾。少年急忙上了小船，可是船上只有双桨，没有渡工。

“谁来渡我？”少年茫然四顾，大声呼喊着。

“请君自渡！”老衲在水面上一闪，飘然而去。

少年拿起双桨，轻轻一划，面前顿时变成了一片平原，一条大道近在眼前。少年踏上道路，欢笑而去。

禅告诉你答案

快乐不能仰仗别人，而只能依靠自己，我们不能希望由别人帮助而获得快乐。如果自己没有自处之道，烦恼则一定会时常跟着我们。

不抱怨的生活

一个青年老是埋怨自己时运不济发不了财，终日愁眉不展。这天，来了一个须发俱白的和尚问他：“年轻人，你为何不高兴？”

“我不明白为什么我总是那么穷。”

“穷？你很富有嘛。”老和尚由衷地说。

“这从何说起？”年轻人问。

老和尚不正面回答，反问道：“假如今天斩掉你一个手指头，给你一千元，你干不干？”

“不干。”

“斩掉你一只手，给你一万元，你干不干？”

“不干。”

“让你马上变成八十岁的老人，给你一百万，干不干？”

“不干。”

“让你马上死掉，给你一千万，干不干？”

“不干。”

“这就对了。你已经有了超过一千万的财富了，为什么还哀叹自己贫穷呢？”老和尚笑着问。

禅告诉你答案

不要抱怨家庭的贫寒，不要抱怨时适不济，更不要怨天尤人。要珍惜自己那用金钱买不到的资本，那就是年轻。身体是一部不停运转的机器，因为年轻，它还是崭新的，只要你运用得法，就能不断地创造价值，所以不要为暂时的不得意而垂头丧气，只要不让机器闲置，成功就唾手可得。

幸福在你身边

有一个人千里迢迢地来到佛祖面前,对佛祖说:“我寻找幸福很多年了,背井离乡,到处找它。有人说:它在山顶的凉风中、在沙漠的绿洲里、在禅院的宁静中、在贫民窟的笑声里。”

佛祖问:“你找到了吗?”

“我一直没有找到。”

佛祖没有回答他的问题,只是静静地望着远方。

这时,湛蓝的天空铺着七色的彩霞,美丽的鸟儿在树上尽情地歌唱。夕阳闪烁的金光照射着绿茵茵的草地,孩子们在草地上尽情地玩耍。这人依然沮丧着,愁容满面。

过了一会儿,他颓废地离开佛祖,又到别处寻找幸福了。

禅告诉你答案

我们往往费尽心机地寻找幸福、寻找真理。殊不知,它们就在我们身边。其实,我们周围的花草树木、行云流水、欢声笑语,从不间断地向我们诉说着人间的幸福和宇宙的真理。

快乐是不期而至的

一群年轻人到处寻找快乐,却遇到许多烦恼、忧愁和痛苦。他们来到海边的一座庙宇向老和尚请教,快乐到底在哪里?老和尚说:“你们还是先帮我造一条船吧!”

这些年轻人暂时把寻找快乐的事儿放到一边，找来造船的工具，用了七七四十九天，锯倒了一棵又高又大的树，挖空树心，造出了一条漂亮的独木船。

独木船下水了，他们把老和尚请上船，一边合力荡桨，一边齐声高歌。老和尚问："孩子们，你们快乐吗？"

他们齐声回答："非常快乐！"

老和尚道："快乐就是这样，它往往在你为着一个明确的目的忙得无暇顾及其他的时候突然来访。"

禅告诉你答案

快乐就在生活中的每一件小事中隐藏，只要我们认真投入地去做事，它就会不期而至地来到我们的心间。

哪有时间去气

古时有一个妇人，特别喜欢为一些琐碎的小事与人生气。她也知道这样不好，便去求一位大师为自己谈禅说道，开阔心胸。

大师听了她的讲述。一言不发地把她领到一座禅房中，落锁而去。

妇人气得高声大骂。骂了许久，大师也不理会。妇人又开始哀求，大师仍置若罔闻。妇人终于沉默了。大师来到门外，问她："你还生气吗？"

妇人说："我只为我自己生气，我怎么会到这地方来受这份罪！"

"连自己都不原谅的人怎么能心静如水？"大师拂袖而去。

过了一会儿，大师又问她："还生气吗？"

"不生气了。"妇人说。

"为什么？"

"气也没有办法呀。"

"你的气并未消逝,还压在心里,暴发后将会更加剧烈。"大师又离开了。

大师第三次来到门前,妇人告诉他:

"我不生气了,因为不值得气。"

"还知道值不值得,可见心中还有衡量,还是有气根。"大师笑道。

当大师的身影迎着夕阳立在门外时,妇人问大师:"大师,什么是气?"

大师将手中的茶水倾洒于地。妇人视之良久,顿悟。叩谢而去。

禅告诉你答案

生气是因为别人做了不符合你预期的事,关键是我们心里对世界、对他人、对自己的预期太高,也就是说有气根。要使自己不生气,唯有去掉气根,即不对世界、他人和自己进行预期,自然地接受这世界的一切,我们就会活得很快乐。是的,人生短暂,幸福和快乐尚且享受不尽,哪里还有时间去气呢?

失意中也有快乐

小男孩高兴地拿着一个大蛋卷冰淇淋,一边走一边吃,好不快活。忽然,他不小心将整个可口的冰淇淋掉到了地上,散成一片。

男孩待在那里不知所措,甚至也哭不出来,只是睁大眼睛看着散了一地的冰淇淋。

这时有个云游和尚走过来,对小男孩说:"好吧,既然你遇到这么坏的遭遇,脱下鞋子,我给你说一件有意思的事情。"

和尚接着说:"用脚踩冰淇淋,重重地踩,看冰淇淋从你脚趾缝隙中冒出来。”

小男孩照着他的话做了。

和尚高兴地笑：“我敢打赌，这里没有一个孩子尝过脚踩冰淇淋的滋味。现在跑回家去，把这有趣的经历告诉你妈妈。”

他还说：“要记住，不管遭遇什么，你总可以在其中找到乐趣。”

禅告诉你答案

在漫漫人生旅途中，失意并不可怕，它是人生对你另一种形式的馈赠。只要你拥有一颗快乐而达观的心，你总是能在生活中找到乐趣。

人生是条单行道

亲鸾上人9岁时，就已下定决心要出家。他请求慈镇禅师为他剃度，慈镇禅师就问他说：“你还这么小，为什么要出家啊？”

亲鸾回答：“我虽然只有9岁，但父母已经双亡，我因为不知道为什么人一定要死亡呢？为什么我一定非与父母分离不可呢？所以，为了探索这个道理，我一定要出家。”

慈镇禅师非常欣赏亲鸾的志愿，于是说：“好吧！我愿意收你为徒，不过，今天太晚了，等明天一早，我再为你剃度吧！”

但是，亲鸾听了禅师的话后，不以为然地说：“师父！虽然你说明天一早为我剃度，但我毕竟是年幼无知，不能保证自己出家的决心能不能持续到明天啊？况且，你那么高的年纪，也不能保证您是否明早起床时还是活着的。”

慈镇禅师听了这话以后，不仅没有生气，反而拍手叫好，并十分喜悦地说：

“对啊！你说的话完全没错的。那我现在马上就为你剃度！”

禅告诉你答案

人生是条单行道，没有人能事事如愿。从生命的意义来说，每个人都应该珍惜自己的现在。要珍惜现在的美好时光，让每一天过得充满热情，充满乐趣。珍惜现在是一种智慧的表现，更是每个人一辈子的修行和功课。

自由是最大的幸福

从前，有一个讨饭的乞丐，白天四处讨饭，晚上随便找个破庙去睡觉。可是他的儿子却经商发大财，家里相当的富有。

在那个时候，人们的伦理观念比现在要重得多。因此，有很多人就骂他的儿子不孝，当着他的面说：“你们家那么有钱，可是你家的老太爷却在外面讨饭！你也忍心吗？”

那个儿子被人家说得面子十分过不去。于是，他派人到处去找自己的父亲回家。最后，果然找到了。老人回家之后，给他做新衣服，做好吃的东西来供养他。

可是，没过一个月，老先生趁他没注意的时候，又跑了出去讨饭了。

人家问他：“你有福为什么不愿意享受，为什么喜欢四处乞讨啊？”

老人说：“讨饭自在！无忧无虑，无牵无挂，天天游山玩水，到处有得吃，有地方住，逍遥自在，没有拘束。可是回去被家里的儿子供养得很不自在，样样不自由啊。”

禅告诉你答案

自由的乞丐比囚禁的国王幸福，自由是所有幸福当中最可宝贵的东西。自由就是如此稀松平常，身在自由中的人，对自由就像对空气一样，并不感到特别珍贵。但是，一旦失去了自由，才会感到自由真的是所有幸福中最可宝贵的东西。

偏执让人郁郁不乐

有一个富人，家有万贯，但过得却很烦恼。因为他很是爱财，生怕自己的财产会变少。他不仅对别人很吝啬，连自己的生活用品都不舍得置办，一家人守着万贯家财过贫苦日子。不仅朋友们不喜欢他，连家中的老婆孩子也怨声载道。

他自己也不胜其烦。他听说默仙禅师能够启人快乐，让人们解脱和自在生活，就去拜访禅师，求教。他来到了默仙禅师的寺院中，说了心中的想法，探问默仙禅师解脱之法。

默仙禅师并不直接回答，而是将手掌攥成一个拳头举起来，问富人："假如我的手掌永远都是这样，你说那叫什么？"

"畸形。"富人想也不想地说。

默仙禅师又将自己的手掌摊开，举在空中，又问富人："假如我的手掌永远都是这样，始终不变，你说它叫什么？"

"这还是一样，畸形呗！"富人脱口而出。

只见默仙禅师微笑着看着他，看着富人若有所思的样子，和蔼地说道："只要你知道了这一点，你就会是一个快乐的有钱人。"

富人一愣，随即大喜。他终于想通了，决定回家后就通达地生活，一边节俭朴素地生活，一边时不时地去施舍身边的朋友和邻居。

禅告诉你答案

快乐来自于灵活的人生智能，不要执著和偏执，否则不仅会自己闷闷不乐，还会让身边的人都讨厌你。

安顿心灵

禅宗二祖慧可为了表示自己求佛的诚心，挥刀断臂，拜达摩为师。

有一次，他对达摩祖师说道："请老师为我安心。"

达摩当即说："把心拿来。"

慧可不得不说："弟子无法找到。"

达摩开导他说："如能找到了，那就不是你的心了！我已经帮你安好心啦，你看到了吗？"

慧可恍然大悟。

几十年以后，僧璨前去拜谒二祖慧可，他对二祖说："请求师父为弟子忏悔罪过。"

二祖慧可想起了当初达摩启发自己的情景，微笑着对僧璨说："把罪过拿来！"

僧璨说道："我找不到罪过。"

慧可便点化他说："现在我已经为你忏悔了！你看到了吗？"

僧璨恍然大悟。

又过了许多年，一个小和尚向三祖僧璨求教："如何才能解除束缚？"

僧璨当即反问："谁在束缚你呢？"

小和尚脱口而出:“没有谁来束缚我呀!”

僧璨微微一笑,说道:“那你何必再求解脱呢?”

小和尚豁然领悟。他就是后来中国禅宗第四祖——道信。

禅告诉你答案

醉心于功利,便被“名缰利锁”缚住;斤斤于褒贬毁誉,必会患得患失。野心勃勃、贪欲无厌、争权夺利,钩心斗角,哪一个不是伴随着烦恼焦虑、忧愁惊恐、嫉妒猜疑?重要的是自我解脱,而不是求人解脱。

第七章

CHAN
GAOSUNI DAAN

禅告诉你磨砺忍难的定力

我们每个人活在世上，都需经历许多困苦和磨难，而笑到最后的总是那些心怀大志、奋力拼搏、以忍为力的人。拥有了磨砺忍难的禅则，我们就能够坚强面对人生的各种艰难险阻，勇敢承受各种煎熬折磨，自信地应对各种挑战考验，不管风吹浪打，胜似闲庭信步，直至达到自己的目标。宝剑锋从磨砺出，梅花香自苦寒来，有付出必有收获，成功和幸福必定属于那些最有耐力和最有拼搏精神的人。

经历风雨历练

鉴真大师刚刚遁入空门时，寺里的住持让他做个谁都不愿做的行脚僧。

有一天，已日上三竿了，鉴真依旧入睡不起。住持很奇怪，推开鉴真的房门，只见床边堆了一大堆破破烂烂的瓦鞋。住持很奇怪，于是叫醒鉴真问："你今天不外出化缘，堆这么一堆破瓦鞋干什么？"

鉴真打了个哈欠说："别人一年都穿不破一双瓦鞋，我刚剃度一年多，就穿烂了这么多的鞋子。"

住持一听就明白了，微微一笑说："昨天夜里刚落了一场雨，你随我到寺前的路上走走吧。"

寺前是一座黄土坡，由于刚下过雨，路面泥泞不堪。

住持拍着鉴真的肩膀说："你是愿意做一天和尚撞一天钟，还是想做一个能光大佛法的名僧？”

鉴真回答说：“当然想做光大佛法的名僧。”

住持捻须一笑接着问：“你昨天是否在这条路上走过？”

鉴真说：“当然。”

住持问：“你能找到自己的脚印吗？”

鉴真十分不解地说：“昨天这路又干又硬，哪里能找到自己的脚印？”

住持又笑笑说：“今天再在这路上走一趟，你能找到你的脚印吗？”

鉴真说：“当然能了。”

住持笑着没有再说话，只是看着鉴真。鉴真愣了一下，然后马上明白了住持的教诲，瞬间开悟了。

禅告诉你答案

泥泞的路才能留下脚印，那些一生碌碌无为的人，不经历风雨，就像一双脚踩在又平坦又坚硬的大路上，什么也没有留下。只有那些在风雨中走过的人，才知道痛苦和欢乐究竟意味着什么。

要做强者

一座泥像伫立在路边，看着过往的人群十分地羡慕，觉得做一个活生生的人真好，他就向佛陀呼救：“佛陀，请让我变成人吧！”

“你要想变成人可以，但是你必须先跟我试走一下人生之路。假如你承受不了人生的痛苦，我马上就把你还原。”佛陀说完，手臂一挥，泥像真的变成了一个活生生的青年。

于是，青年跟随佛陀来到悬崖边。只见两座悬崖遥遥相对，此崖为“生”，彼崖为“死”，中间由一条长长的铁索桥连接着。这座铁索桥又由一个个大小不一的铁环串联而成。

“现在，请你从此岸走向彼岸吧！”

青年战战兢兢地踩着一个个大小不同链环的边缘前行。然而，一不小心，便跌进了一个铁环之中，两腿顿时失去了支撑，胸口被链环卡得紧紧的，几乎透不过气来。青年大声呼救：“好痛苦呀！快救命呀！”

“请君自救吧。在这条路上，能够救你的，只有你自己。”佛陀在前方微笑着说。

青年扭动身躯，拼死挣扎，好不容易才从痛苦之环中解脱出来。“你是个什么链环，为何卡得我如此痛苦？”青年愤然道。

“我是名利之环。”脚下的链环答道。

青年继续朝前走。忽然，隐约间，一个绝色美女朝青年嫣然一笑，青年飘然走神，脚下一滑，又跌入一个环中。被链环死死卡住。青年惊恐地再次呼救：“救……救命啊！”

这时佛陀再次在前方出现，他微笑着缓缓说道：“在这条路上，没有人可以救你，只有你自己自救。”

青年拼尽全力，总算从这个链环中挣扎了出来，然而他已累得精疲力竭，便坐在两个链环间边休息边想：“刚才这是个什么痛苦之环呢？”

“我是美色链环。”脚下的链环答道。

青年继续向前赶路。他接着又掉进了贪欲的链环、妒忌的链环、仇恨的链环……等他从这些个痛苦之环中挣扎出来，已经没有勇气再走下去了。

于是，佛陀就对他说：“人生虽然有许多的痛苦，但也有战胜痛苦之后的轻松和欢乐，你难道真愿放弃人生吗？”佛陀问道。

“人生之路痛苦太多，欢乐和愉快太短暂太少了，我决定放弃人生，还是去做我的泥像吧！”青年毫不犹豫地说道。

佛陀长袖一挥，青年又还原为一尊泥像。然而不久，泥像便被一场大雨冲成了一堆烂泥。

禅告诉你答案

不经历风雨，怎能见彩虹？我们每个人活在世上，都要经历许多困苦和磨难，只是有的人在艰难面前做了强者，而有的人就只能甘做弱者。

在挫折中成长

一位拳击高手参加锦标赛，自信十足地认为一定可以勇夺冠军。却不料在决赛时，遇到一位实力相当的对手，使他难以招架。拳击高手警觉到自己竟然找不出对方的破绽，而对方的攻击却往往能击中他的要害。

比赛结果可想而知，拳击高手惨败在对方手下，也失去了冠军宝座。

他懊恼不已地去少林寺找他的师父，并请求师父帮他找出对方招式的破绽。

师父笑而不语，在地上画了一道线，要他在不能擦掉这条线的情况下，设法让这条线变短。

拳击高手苦思不解，如何能像师父所说，使地上的线变短。但最后他还是放弃继续思考，而求教于师父。

师父在原先那条线的旁边，又画了一道更长的线。两者相较之下，原先的那条线看起来变得短了许多。

师父开口道："夺得冠军的重点，不在如何攻击对方的弱点。正如地上的长短线一样，只要你自己变得更强，对方正如原先的那条线一般，也就在无形中变得较弱了。"

禅告诉你答案

应对挫折的道理也正如画线一样，你强它就弱，而你弱它就强。假如你仔细观察自己的困境，将会发现它是你值得利用的法宝。没有巨石挡道，怎能激起灿烂的浪花。因此，我们无论遭遇何种创痛，最要紧的是在创痛中寻找这些意义。

在键锤下快速进步

寒冬腊月，一个名为“滴水”的和尚去天龙寺拜见仪山禅师。外面下着很大的雪，可是仪山禅师却不让他进门。那个和尚就在门外一直跪着，这一跪就是三天。仪山的弟子看他可怜，纷纷为他求情，可是仪山说：“我这里不是收容所，不收留那些没有住处的人！”弟子们没有办法，只好纷纷走开。

到了第四天的时候，那个和尚身上皴裂的地方开始流血，他一次次地倒下又重新起来，但他依然跪在那里，雷打不动。仪山下令弟子：“谁也不准开门，否则就将他逐出师门！”

七天后，那个和尚终于支撑不住，倒了下去。仪山出来试了一下他的鼻子，尚且有一丝呼吸，于是便下令将他扶了进去。滴水终于进了仪山禅师门下参学。

有一天，滴水和尚向仪山禅师问道：“无字，与般若有什么分别？”

话刚说完，仪山一拳打了过来，大吼：“这个问题岂是你能问的？滚出去！”

滴水被仪山的拳头打得头晕目眩，耳朵里只有仪山的吼声，忽然间，滴水想通了：“有与无都是自己的肤浅意识，你看我有，我看我无。”

还有一次，滴水感冒了，正在用纸擤鼻涕的时候，被仪山看到了，他大声喝道：“你的鼻子比别人的血汗珍贵？你这不是在糟蹋白纸吗？”滴水便不敢再擦了。

很多人都难以忍受仪山的冷峻，可是滴水说：“人间有三种出家人，下等僧利用师门的影响力，发扬光大自己；中等僧欣赏家师的慈悲，步步追随；上等僧在师父的键锤下日益强壮，终于找到自己的天空。”

禅告诉你答案

在键锤下成长才能日益强壮。向你挥来的鞭子，常常只是要你把头抬得更高，脊背挺得更直。

矢志不渝

在宋朝有一个著名的禅师宗圆，门下有一个弟子道谦。道谦参禅多年，仍无法开悟。

一天晚上，道谦诚恳地向师父宗圆诉说自己不能悟道的苦恼，请宗圆帮帮他。宗圆说：“我能帮忙的，当然乐意之至，不过有三件事我无能为力，你只能自己亲自去做。”

道谦忙问是哪三件。

宗圆说：“当你肚饿口渴时，我吃的喝的不能填饱你的肚子，我不能帮你吃喝，你必须自己饮食；当你想大小便时，你必须亲自解决，我一点也帮不上忙；最后，除了你自己之外，谁也不能驮着你的身子在路上走。”

道谦听罢，他才明白了自我的力量。

禅告诉你答案

成功，首先始于自愿自觉。当一个人失去生活的目的和意义，万念俱灰之时，我们说是“无可救药”；当一个人动了念头，认了死理，哪怕上刀山下火海，不达目的誓不罢休时，我们说是“矢志不渝”。自己的事自己做，始于心动，成于行动。

人要有决心

归省禅师担任住持期间，由于天旱，很少有人能拿粮食来养活这些僧人，僧人们只能每天喝粥吃野菜，个个面黄肌瘦。

有一日，住持外出化缘，法远就召集大家取出柜里储藏的面做起粥来。粥还没做好，归省禅师就回来了，小师弟们一下就消失得无影无踪。归省禅师看到法远居然把应急用的面都用了，生气地说：“谁让你这么做的？”

法远毫无惧色地说：“弟子觉得大家面如枯槁，无精打采，于是就把应急用的面拿出来煮了，请师父原谅。”

归省禅师严厉地说：“依清规打三十大板，驱逐出寺！”

法远默默离开了寺院，但他没有下山，而是在院外的走廊觅了个角落栖息下来。无论刮风下雨，都不曾动摇他向佛的决心。

归省禅师有一次偶然看见他在寺院的角落睡觉，十分吃惊地问道：“你住这里多久了？”

“已半年多了！”

“给房钱了吗？”

“没有。”

“没给房钱你怎么敢住这里！你要住，就去交钱！”

法远默默托着钵走向市集，开始为人诵经、化缘，赚来的钱全部用来交房钱。

归省禅师笑着对大众宣示："法远乃肉身佛也！"

后来法远继承了归省禅师的衣钵，将佛学发扬光大。

禅告诉你答案

成大事必先苦其心志。如果没有坚持和吃苦的精神，人往往会很迷失自己，让自己失去方向。

积极奋斗的人生

有一天，佛陀带弟子们坐船。当船行到湖中央时，他问其中一弟子："有一种东西，跑得比光速还快，瞬间能穿越银河系，到达遥远的地方，这是什么？"

有个弟子争着回答："是意念。"

佛陀满意地点点头："那么，有另外一种东西，跑得比乌龟还慢。当春花怒放时，它还停留在冬天；当头发雪白时，它仍然是个小孩子的模样，那又是什么？"

弟子一脸困惑，答不出来。

"还有，不前进也不后退，没有出生也没有死亡，始终漂浮在一个定点。谁能告诉我，这又是什么？"

弟子们全都愣住了，面面相觑。

"答案都是意念。它们是意念的三种表现，换个角度来看，也可比喻成三种人生。"佛陀望着聚精会神的弟子，继续解释："第一种是积极奋斗的人生：当一个人不断力争上游，对明天永远充满希望和信心时，他的心灵就不受时空的限制，他就好比是一只射出的箭，总有一天会超越光速，驾驭千万物之上。第二种是懒惰的人生：他永远落在别人的屁股后面，捡拾他人丢弃的东西，这种人注定被遗忘。第三种是醉生梦死的人生：当一个人放弃努力、苟且偷生时，他的命运是冰冻的，没有任何机会来敲门，不快乐也无所谓痛苦；这是一个注定悲哀的人，像水母的空壳漂浮于海底，不存在于现实世界中，也不在梦境里……”

禅告诉你答案

看清三种人生，有利于我们进步。什么是懒惰的人生、什么是醉生梦死的人生。看清了，便会自己给自己敲警钟，迈着更有力的步伐在积极奋斗的人生道路上前进。

身体力行

善财童子在文殊菩萨的激励下，到世界各地参访、拜谒善知识（智者）。他历经五十三参之后，终于功德圆满，大彻大悟了。

其中，他在拜会妙月长者时，他曾经问道：“自我的实现，是否可由听闻他人谈论般若波罗蜜而得？”

般若，即，大智慧；波罗密，到彼岸。即，由智慧实现自我，得到解脱。

妙月长者说：“不能。因为般若波罗蜜，是亲自悟人一切事物的真理真知。”

善财童子不解地问：“知识，岂不是由听闻而来？对事物的认识，岂不也是由思考与推理而来？自我的实现，为何不能由听闻知识、思考认识而来？”

妙月长者耐心解释说：“并非如此，二者是一样的。自我的实现，永远不能仅从思考而来。我用一个比喻来向你说明：在一片广袤的沙漠中，没有泉，没有井，没有河流。在烈日炎炎的夏日，一个旅行者从西向东穿行沙漠。途中，他遇到一个从东面来的人，就说：‘我极其干渴，请您告诉我，何处可以找到泉水与阴凉，让我能够解渴、沐浴，将体力恢复过来？’从东而来的人告诉他说：‘再向东走，路会分成两叉，一左一右。你走右边一条，再继续往前，一定会找到清泉与阴凉。’你想，这位旅客是否因为听到了关于泉水与阴凉的话，并想：只要继续前进就能到达清凉之地。他的焦渴是否就得到解除了呢？”

善财说：“不，并非如此，因为只有当他按着过来人的指示，真正到达泉水之处，喝饮它，并在其中沐浴，他才能解除渴热，身体从而得到恢复。”

妙月长者说：“小伙子，禅者生活也是这样。仅是学习、思考与做知识性的了解，永远不能实现任何真理。小伙子，在我所举的例子中，沙漠即是生死：从西而东者，即是一切众生；热是一切混乱的环境，渴是内心的贪欲；从东而来者，是佛或菩萨，他是开悟的觉者，住于大智慧之中，而能透视到一切真谛，他所告诉我们的，都是他自己已经亲自实践过的；饮清泉、解渴、除热，意思是指自己亲身实现真理。”

“再者，小伙子，我要说另一个比喻。假如佛陀在世间再留一劫，用尽一切精确言辞，用尽一切比喻描述，让众人得知甘露的美味与种种妙处。你想，世间众生，是否因听闻了佛说甘露的美好，就能亲身体验到它的美妙吗？”

善财说：“不，不能。甘露的滋味，只有亲口品尝才能知道。”

最后，妙月长者说：“因此，仅仅听闻与思考，永远不能使我们认知般若波罗蜜的智性。”

禅告诉你答案

春江水暖鸭先知。如人饮水，冷暖自知。自我的实现，不仅仅心中要有明确的前进道路，关键是还要身体力行。

付出才有回报

一个青年禅僧出家之后，修行非常精进（勤奋）。他尤其喜爱参禅，决心打破黑漆桶，明心见性，续佛慧命。于是，为了专心致志地修行，在七月十五解夏之后。他申请常住禅堂。

寺院禅堂，号称选佛场，多少火眼金睛、铜头铁臂的大宗师，都是从这个大熔炉千锤百炼打造出来的。然而，成佛做祖岂是那么容易？禅堂岂是那么好住的？单单是那每天十几个小时的跏趺静坐（俗称双盘），足以令大多数人倒吸凉气，望而却步。许多人宁可种菜、做饭、扫厕所，也不敢住禅堂。年轻禅僧下定了决心，为了契入禅的真谛，体会生命的本来面目，再苦再难他也不怕。然而，他可以忍受那巨大的肉体痛苦，却无法排遣心里的烦恼：打坐之时，心中妄念纷飞，本能的欲望更如源源不断地瀑布，流泻不止。他气愤地打自己的耳光，自我惩罚、饿饭，就是控制不住那心猿意马。

无可奈何的他搭衣持具（衣：袈裟，具：跪拜的方巾。即，郑重其事），来到方丈面前，向师父请教降伏欲念的方法。师父听了他的诉求，并没有说什么高深的禅理，甚至也没有指点修行方法，只是让他到街市上买一些橘子吃。

他吃了一肚子橘子，也没将那些烦恼撑跑。第二天，师父又让他去买香蕉。第三天，师父的花样变换成了菠萝。年轻僧人不再傻乎乎地往自己嘴里填这些水果了，而是将菠萝提到了方丈面前。师父问他：“你买这些菠萝干什么？”

这不是废话？当然是吃！师父问得更奇怪了：“你吃菠萝皮吗？”

菠萝皮当然不能吃。“我只吃果肉，不吃果皮。”

弟子合情合理地回答，竟然使得师父勃然大怒，大喝一声：“你这个笨蛋，既然不吃皮，你为何这几天买的水果都带着皮？”

弟子一愣，马上领悟到了一些什么：正如自己怀疑的那样，师父总是让自己买水果，一定大有用意！果然，师父说道：“就像美丽的莲花离不开污泥，修行，也离不开欲望。你想开悟，是不是欲念？期盼成佛做祖，是不是欲望？如同这菠萝、橘子、香蕉之类的水果，我们并不吃粗糙的果皮，但为什么又需要果皮？因为好吃的果肉需用它来包裹。我们吃完果肉，再把果皮抛弃就是了。坐禅也是如此，我们要借助欲念修行，要用念头参究，以一念代替万念。这不是吃果皮，因为还不到将欲念的‘果皮’扔掉的时候，它的里面包裹着甜美的果肉。”

弟子闻听此言，立刻大彻大悟了。

禅告诉你答案

人们幻想甘甜的果实，却不愿付出艰苦的劳动；盼望生命的辉煌，却不想经受磨难。妄念如同污泥，它污浊不堪，奇臭无比，你种上杂草，只能收获荒芜，但播下善提种子，就能长出智慧的莲花。

没有工作，哪能吃饭

唐朝百丈怀海禅师，承继开创丛林的马祖道一禅师以后，立下一套极有系统的丛林规矩——百丈清规，所谓“马祖创丛林，百丈立清规”，即是此意。

百丈禅师倡导“一日不作，一日不食”的农禅生活，曾经也遇到许多的困难，因为佛教一向以戒为规范的生活，而百丈禅师改进制度，以农禅为生活了，甚至有人批评他为外道。因他所住持的丛林在百丈山的绝顶，故又号百丈禅师，他每日除了领众修行外，必亲执劳役，勤苦工作，对生活中的自食其力，极其认真，对于平常的琐碎事务，尤不肯假手他人。

渐渐的，百丈禅师年纪老了，但他每日仍随众上山担柴、下田种地，因为农禅生活，就是自耕自食的生活。弟子们毕竟不忍心让年迈的师父做这种粗重的工作，因此，大家恳请他不要随众出坡(劳动服务)，但百丈禅师仍以坚决的口吻说道：“我无德劳人，人生在世，若不亲自劳动，岂不成废人？”

弟子们阻止不了禅师服务的决心，只好将禅师所用的扁担、锄头等工具藏起来，不让他做工。

百丈禅师无奈，只好用不吃饭的绝食行为抗议，弟子们焦急地问道：“为何不饮不食？”

百丈禅师道：“既然没有工作，哪能吃饭？”

弟子们没办法，只好将工具又还给他，让他随众生活。百丈禅师的这种“一日不作，一日不食”的精神，也就成为丛林千古的楷模！

有人以为参禅，不但要摒绝尘缘，甚至工作也不必去做，认为只要打坐就可以了。其实不做工作，离开生活，哪里还有禅呢？百丈禅师为了拯救禅者的时病，不但服膺一日不作，一日不食的生活，甚至还喊出“搬柴运水无非是禅”的口号。

不管念佛也好，参禅也好，修行不是懒惰的借口，希望现代的禅者听一听百丈禅师的声音！

禅告诉你答案

劳动是光荣的，劳动也是幸福的。养成了热爱劳动、靠劳动养活自己的习惯，一生的幸福就有保障了。

尽最大心力

佛寺即将建造完成，主事的大师父到现场视察。一路上，大师父看见许多工人正在辛苦赶工，便上前慰问，表达感谢与祝福之意。见到第一位工人，大师父说：“辛苦了！不知道您现在正在做什么呢？”

工人回答：“我正在为大殿两旁的龙柱上漆。”

大师父合掌说：“很好，将来所有在这大殿上成佛的人，都会向您顶礼。”

接着，大师父又以相同的话问了第二位见到的工人。

工人回答：“我正在安装屋瓦。”

大师父笑道：“很好，这间佛寺完成后，您将会得到很大的福报。”

问过多位工人之后，大师父遇见替工人煮饭的妇人，也问了她一样的话。妇人认真地说：“我正用全部的力量在盖这座佛寺！”

大师父听了，肃然起敬："了不起！供奉在寺里的十方菩萨，都会对您礼敬。"

一旁的陪侍人员不解大师父的意思，心想：这名佣妇所做的事与盖佛寺几乎毫无关联，为何大师父会特别推崇她呢？

大师父解释道："一座佛寺建造完成，绝非少数人之能为。其中的每一位参与者，工作分类不论上或下、繁或简，只要是尽了自己最大的心力，就该同享成果，没有功大功小的分别。像那位妇人，她虽然没有直接参与佛寺的建造，但她尽最大的努力，给工人们煮饭，让工人们都吃得很饱，然后，工人们才有更多的体力来建造更完善的佛寺。你们说，像她这样一位能将生命全然投入佛寺建造的人，我怎么能不特别加以礼赞呢！"

禅告诉你答案

人生行路，我们该尊敬每个在自己的工作岗位上尽力的人，但不必期待有一位独具慧眼的大师父来称许我们。只要我们尽心，让自己看得起自己，就是对生命最崇高的礼赞。

承认自己的力量

有个人为南阳慧忠国师做了30年侍者，慧忠国师看他一直任劳任怨，忠心耿耿，所以想要对他有所报答，帮助他早日开悟。

有一天，慧忠国师像往常一样喊道："侍者！"

侍者听到国师叫他，以为慧忠国师有什么事要他帮忙，于是立刻回答道："国师！要我做什么事吗？"

国师听到他这样的回答感到无可奈何，说道："没什么事要你做的！"

过了一会儿，国师又喊道："侍者！"

侍者又是和第一次一样的回答。

慧忠国师又回答他道:“没什么事要你做!”

这样反复了几次以后,国师喊道:“佛祖!佛祖!”

侍者听到慧忠国师这样喊,感到非常不解,于是问道:“国师!您在叫谁呀?”

国师看他愚笨,万般无奈地启示他道:“我叫的就是你呀!”

侍者仍然不明白地说道:“国师,我不是佛祖,而是你的侍者呀!你糊涂了吗?”

慧忠国师看他如此不可教化,便说道:“不是我不想提拔你,你实在是太辜负我了呀!”

侍者回答道:“国师!不管到什么时候,我永远都不会辜负你,我永远是你最忠实的侍者,任何时候都不会改变!”

慧忠的眼光暗了下去。有的人为什么只会应声、被动?进退都跟着别人走,从不会想到自己的存在!难道他不能感觉自己的心魂,接触自己真正的生命吗?

慧忠国师道:“还说不辜负我,事实上你已经辜负我了,我的良苦用心你完全不明白。你只承认自己是侍者,而不承认自己是佛祖,佛祖与众生其实并没有区别。众生之所以为众生,就是因为众生不承认自己是佛祖。实在是太遗憾了!”

禅告诉你答案

人失败是因为自己轻视自己,不肯承认自己的力量。要想成功首先就得自己看重自己,肯定自己,相信自己。

坚强的意志

弟子问光祚禅师："师父，如何使身心清净？"

光祚禅师说："有个人听了算命先生的话，说他眉头泛光，当天就能变成富翁，于是他就直接走到别人的银楼里，当着别人的面伸手就拿柜子里的金银，被人抓住送进了衙门。县太爷问他：'你怎敢在光天化日之下抢别人钱财？'那个人回答道：'我只看到了钱，没有看到人呀！'"

光祚禅师紧接着说道："有禅心的人，眼睛里看到的只有尘埃！"

弟子又问："怎样才能成佛？"

光祚禅师厉声喝道："你外出云游，在庙宇与丛林之间奔走，可曾找到你的安身之处？如果只会攀山涉水来来去去，那只是白白踏破草鞋，等着阎王爷向你收草鞋钱吧！"

弟子又问："怎样才能成佛？"

光祚禅师抚掌大笑："好！意志坚定的人，将踏破的草鞋扔掉，光着脚向前走，没有了任何束缚，也就没有了任何烦恼，不用为草鞋破了磨脚担心，不用为草鞋钱担心；意志不坚定的人，心里挂念太多，忧虑太多，心都装满了，千门万户都封锁了，还安什么身、立什么命！"

弟子望了望自己的草鞋，灵光一闪，顿悟了。

禅告诉你答案

对于有所追求的人来说，坚强的意志最重要。不担忧，不烦闷，只管一心向目标出发，这样才有可能成功。

坚信自己

大梅禅师学了很多年禅,尽管他学习十分努力,但是一直没有悟道。有一天,他去请教马祖禅师:“佛是什么?”马祖禅师回答:“即心即佛。”大梅禅师恍然大悟。

开悟后,大梅离开了马祖禅师,下山弘扬佛法。当马祖禅师听说大梅开悟的时候,不太相信,心想:“以前他学了那么多年佛法也没开悟,现在怎么一下子就开悟了呢? 且叫一个人去试试他!”于是马祖派自己的弟子前去试探大梅。

这个人见到大梅禅师,就问道:“师兄! 师父说了什么话让你顿悟了呢?”大梅回答:“即心即佛。”

这个人说:“师父现在已经不说‘即心即佛’了!”

大梅惊奇地问道:“哦! 那他现在说什么?”

那个人说:“师父现在经常说‘非心非佛’。”

大梅听了以后,笑着说:“这个老和尚,不是存心找人麻烦吗? 我才不管他的什么‘非心非佛’,我依然坚持我的‘即心即佛’。”

这个人回去将事情的经过告诉了马祖禅师,禅师激动地说:“大梅真的成熟了。”意思是说,大梅禅师真的是开悟了。

禅告诉你答案

人应该有自己的主见,坚信自己是正确的,做一个自信、自主、自尊的人;不要人云亦云,被别人牵着鼻子走。

贵在力行

释迦牟尼有个叫般特的徒弟，他生性愚钝，佛祖让500名罗汉天天轮流教他，可是般特仍然不开窍。佛祖把他叫到面前，逐字逐句地教他一首偈：“守口摄意身莫犯，如是行者得度世。”

佛说：“你不要认为这首偈稀疏平常，你只要认真地学会这一首偈，就已经是不容易了！”于是般特翻来覆去地就学这一偈，终于领悟了其中的意思。

过了一段时间，佛祖派他去给附近的女尼讲经说法。那些女尼早就听说这个愚笨的人了，所以心中都不服气，她们想：“这样的愚笨之人也会讲经说法？”虽然心里是这样想，但是她们表面上仍然用应有的礼遇对他。

般特惭愧而谦虚地对众僧尼说道：“我生来愚钝，在佛祖身边只学得一偈，现在给大家讲述，希望静听。”

接着便念偈：“守口摄意身莫犯，如是行者得度世。”

话音刚落，众女尼便哄笑：“居然只会一首启蒙偈，我们早就倒背如流了，还用你来讲解？”

般特不动声色，从容讲下去，说得头头是道，新意迭出。一首普通的偈，说出了无限深邃的佛理。众女尼听得如痴如醉，不禁感叹道：“一首启蒙偈，居然可以理解到这种程度，实在是高人一等啊！”于是对他肃然起敬。

般特只学了一偈，可他一丝不苟的精神体现于行动之中，于是一偈也得道了。

禅告诉你答案

“学不在多，贵在力行。”只把聪明停留在嘴巴上，聪明是结不出累累硕果的，自然也与“成功”无缘。

放下是为了担起

有位孤独的青年,靠在一棵树上晒太阳。他衣衫褴褛,神情委靡,有气无力地打着哈欠。

一位禅师从这里经过,问:“年轻人,天气这么好,你不去做事,在这里唉声叹气干什么?”

年轻人叹了一口气说:“在这个世界上,除了我自己的躯壳外,我一无所有。我又何必费劲去做什么事呢?每天晒晒我的躯壳,就是我所做的全部事情了。”

“你没成家?”

“没有。成家太麻烦,不如干脆不成家。”

“你没有喜欢的人?”

“没有。爱过后是恨,聚过后是散,不如干脆不去爱。”

“你没有朋友?”

“没有。与其交往之后还会失去,不如干脆不去结交。”

“你不想去工作?”

“不想。工作不过是为了赚钱。赚再多的钱,到头来还不是两手空空。既然这样,何必还要费那个劲?”

禅师给了他一根绳子,说:“既然这样,你把这根绳子拿去吧。”

年轻人感到很奇怪,说:“我要这根绳子干什么?”

禅师说:“快去把自己吊死啊。按照你的说法,人有生就有死,与其到最后免不了一死,还不如现在不要活了。所以我想成全你,让你把自己赶快吊死啊。”

很多学禅的人,误以为学了禅,就“看破红尘”,什么事都不用去做。这实际上是大错特错,大谬不然。

禅告诉你答案

放下不等于放弃。放弃是绝对的，放下是相对的。放下是为了更好地担起。如果放弃了一切，就会剩下一具躯壳。这样的人就成了行尸走肉。

人生目标

尚书前去拜见景岑禅师，一番问候之后，尚书开口问道："本性是什么？"

这个问题确实很难回答。

景岑禅师不禁想到这样一件事：有一天傍晚，他看到一个孕妇背着一只竹篓走过，她衣着破旧，脚上落满土垢，竹篓好像很重，压得她直不起腰来。她左手牵着一个小女孩，右臂揽抱着一个更小的孩子，急忙地赶路。

景岑禅师本以为这样沉重的生活一定会让她不堪重负的，可是她的脸上明明写着像明月一样温婉的笑容。

她只是一个普通的女人，为了生活辛苦奔劳，但是她知道自己的人生寻求的是什么，所以她不但没有觉得劳苦，反而感到十分快乐。

想到这里，景岑禅师终于明白了什么是本性。看着眼前的尚书，禅师开口叫唤："尚书！"

尚书双手一揖："是！"

景岑禅师摇摇头说道："回答我的只是一个躯壳，而不是一个清明的生命。"

尚书低头想了想，眼中云雾迷茫："只有躯壳有口舌，才能回答你的话呀！清明的生命哪里来的口舌？"

景岑禅师点点头："是否回答都没有关系，关键是要自己觉悟。要明白自己的目标，不要弄错了人生的意义。弄错了生活的方式，只能徒然使自己成为生命的奴隶!”

禅告诉你答案

人若是知道自己生命的意义,即使是再多的苦难,也能够承受;不知道自己本性的人,只不过是行尸走肉而已!

奋斗才有快乐

小和尚埋怨生活太辛苦,每天烧水、做饭、打禅,琐碎的事太多,禅师就给他讲了这样一个故事。

有个人死后,去了阎罗殿。到了那里,看到那里生活非常安逸。这个人心想:“我活着的时候生活太辛苦了,现在我死了,终于可以享受了。每天除了吃饭睡觉,没有别的事情,也不用每天辛苦地工作了,这样的生活实在是太好了!这简直就是天堂!”

然后,他向负责的人问道:“这里是地狱吗?我实在难以想象地狱居然是这样好!”负责人说:“没错,这里就是地狱!在这里你什么都不用做,好好享受吧!过一段时间你就知道这才是真正的地狱。”

这个人心想:“怎么会呢!这里天天山珍海味,想吃什么就吃什么;还有舒适的床铺,想睡多久就睡多久,从来没有人管。早知道这样,我早就不活了,活着还不如死掉呢!”

于是他就整天吃了睡,睡了吃,快乐得像个神仙。可是时间长了,他就觉得十分寂寞和空虚,于是他去找负责的人,说道:“我每天除了吃饭就是睡觉,和猪有什么区别?我不想过这样的生活了,你还是给我找一份工作吧!辛苦点我也愿意。”

负责人答道:“这里从来就没有工作,想要什么只要一想,马上就能得到,只有工作不能得到！”那个人没有办法，只好回去了，又过了一段时间，他实在无法忍受这样的生活，又去找那个负责人，说道：“我不想在这里住了，这种生活实在是难以忍受，你还不如让我下地狱！”

负责的人说：“已经告诉过你了，这里本来就是地狱，你还以为这里是天堂呢？实在是太笨了！这才是真正的地狱。”

禅告诉你答案

安逸享受是真正的地狱。人生在世，若没有劳作，没有奋斗，没有坚持，就是行尸走肉，就不能有快乐和幸福。

持之以恒

弟子们问禅师：“师父，如何才能成功呢？”

禅师对弟子们说：“今天咱们只学一件最简单也是最容易的事。每人把胳膊尽量往前甩，然后再尽量往后甩。”说着，禅师示范了一遍，说道：“从今天开始，每天做300次。大家能做到吗？”

弟子们疑惑地问：“为什么要做这样的事？”

禅师说：“做完了这件事，一年之后你们就知道如何能成功了！”

弟子们想：“这么简单的事，有什么做不到的？”

一个月之后，禅师问弟子们：“我让你们做的事，有谁坚持做了？”大部分的人都骄傲地说道：“我做了！”禅师满意地点点头说：“好！”

又过了一个月，禅师又问：“现在有多少人坚持了？”结果只有一半的人说：“我做了！”

一年过后，禅师再次问大家：“请告诉我，最简单的甩手运动，还有几个人坚持了？”这时，只有一人骄傲地说：“师父，我做了！”

禅师把弟子们都叫到跟前，对他们说：“我曾经说过，做完这件事，你们就知道如何能成功了。现在我想要告诉你们，世间最容易的事常常也是最难做的事，最难的事也是最容易的事。说它容易，是因为只要愿意做，人人都能做到；说它难，是因为真正能做到并持之以恒的，终究只是极少数人。”

后来一直坚持做的那个弟子成了禅师的衣钵传人，在所有的弟子中只有他成功了！

禅告诉你答案

世界上的事，最怕认真这两字。如果没有认真和坚持不懈的精神，最容易的事就会变成最难的事。

只怕有心人

善静和尚27岁的时候，弃官出家。他去乐普山投奔元安禅师，禅师令善静管理寺院的菜园，在劳动的过程中修行。

有一天，寺内一位僧人认为自己已经修业成功，可以下山云游了，于是就到元安禅师那里向他辞行。当然，下山是要得到禅师的批准的。

元安禅师听了僧人的请求，笑着对他说：“四面都是山，你往何处去？”

僧人无法想出其中蕴涵的禅理，只好转身回去。

那僧人无意中走进了寺院的菜园子。

善静正在锄草，看见僧人愁眉苦脸的样子就惊讶地问：“师兄为何苦恼？”

僧人就将事情的来龙去脉一五一十地告诉了他。

善静马上想到“四面的山”就是暗指“重重困难”、“层层障碍”。元安禅师实际上是想考考僧人的信念和决心。可惜，僧人参透不了师父的旨意，于是笑着对僧人说：“竹密岂妨流水过，山高怎阻野云飞。”意思是：只要有决心，有毅力，任何高山都无法阻挡。

僧人于是就来到元安禅师那里，对禅师说道："竹密岂妨流水过，山高怎阻野云飞。"

僧人以为师父一定会喜笑颜开地夸奖他，然后准他下山，谁知元安禅师听后，先是一怔，继而眉头一皱，两眼直视僧人道："这肯定不是你拟的答案！是谁帮助你的？"

僧人见师父已经察觉，于是只好把善静和尚的名字说了出来。

元安禅师对僧人说："管理菜园的僧人善静和尚，将来一定会有一番作为的！多学着点吧，他都没有提出下山，你还要下山吗？"

禅告诉你答案

世上无难事，只怕有心人！世上没有不可逾越的障碍，关键在于自身，只要下定决心，一切困难都能迎刃而解。

朝目标前进

有个叫铁眼的年轻和尚，发誓要用募捐来的钱修建一个佛的金身。这件事虽然功德无量，但是困难太大了！然而，铁眼和尚一旦立下了宏愿，就绝不退缩。

募款的第一天，他早早就来到了最繁华的地方，向过路人乞讨施舍。不一会儿，过来一个武士，铁眼和尚施礼道："贫僧誓愿塑佛金身，请施主捐一点吧！"

武士都没正眼看他，像是没听见的样子，迈着大步走了。铁眼和尚急忙就追上去，低声乞求："给多少都行！"

武士厌烦地挥手，十分干脆地拒绝道："不！"

武士在前面走，铁眼在后面跟着，一直走了十多里路！那个武士无可奈何地随手扔下一文钱。铁眼从地上捡起那文钱，朝武士行礼致谢。

武士觉得奇怪，问道：“一文钱也值得你这样高兴？”

铁眼和尚回答道：“这是贫僧靠行乞修建佛身的第一天，如果不能化到这一文钱，或许贫僧的心志就会产生动摇。如今承蒙您慷慨施舍，贫僧对于成就大愿已经确信无疑，所以感到无限欣喜。”

说完，便引身告退，按照原路回去继续化缘。暑去冬来，经过无数个风雨霜雪的日子，铁眼和尚终于筹足了资金，完成了自己的心愿。

禅告诉你答案

聚沙能成塔，集腋能成裘。如果一个人信心十足地朝目标迈进，他终究会获得意想不到的成功。

找到自己的价值

一个只有一只手的乞丐来到一座寺院向方丈乞讨，方丈毫不客气地指着门前一堆砖对乞丐说：“你帮我把这砖搬到后院去吧。”

乞丐生气地说：“我只有一只手，怎么搬呢？不愿给就不给，何必捉弄人呢？”

方丈什么话也没说，用一只手搬起一块砖，说道：“这样的事一只手也能做的！”

乞丐只好用一只手搬起砖来。他整整搬了两个小时，才把砖搬完。

方丈递给乞丐一些银子，乞丐双手接过钱，很感激地说：“谢谢您！”

方丈说：“不用谢我，这是你自己赚到的钱。”

乞丐说：“我不会忘记您的。”说完深深地鞠了一躬，就上路了。

过了很多天，又有一个乞丐来到了寺院。方丈把他带到屋后，指着砖堆对他说：“把砖搬到屋前就给你银子。”但是这位双手健全的乞丐却鄙夷地走开了。

弟子不解地问方丈:“上次您叫乞丐把砖从屋前搬到屋后,这次您又叫乞丐把砖从屋后搬到屋前,您到底想把砖放在屋后还是屋前?”

方丈对弟子说:“砖放在屋前和放在屋后都一样,可搬不搬对乞丐来说就不一样了。”

若干年后,一个很体面的人来到了寺院。他气度不凡,美中不足的是,这人只有一只左手,他就是用一只手搬砖的那个乞丐。自从方丈让他搬砖以后,他找到了自己的价值,然后靠自己的拼搏,终于取得了成功。而那个双手健全的乞丐却还是乞丐。

禅告诉你答案

一个人应该具有两种最基本的品格,一是靠自己的手劳动,二是靠自己的头脑思考。可是我们放眼望去,或者环视周围,是不是每个人都具备这两种最基本的品格呢?

要有目标

弟子们和禅师一起在田里插秧,可是弟子插的秧总是歪歪扭扭,而禅师却插得整整齐齐,犹如用尺子量过一样。

弟子们疑惑地问禅师:“师父,您是怎么把禾苗插得那么直的?”

禅师笑着说:“这其实很简单!当你们插秧的时候,眼睛要盯着一个东西,这样就能插直了!”

弟子们于是卷起裤管,喜滋滋地插完一排秧苗,可是这次插的秧苗,竟成一道弯曲的弧线。

禅师问弟子:“你们是否盯住了一样东西?”

“是呀,我们盯住了那边吃草的水牛,那可是一个大目标啊!”弟子们答道。

禅师笑着说："水牛边吃草边走，而你们插秧苗时也跟着水牛移动，怎么能插直呢？"

弟子们恍然大悟，这次，他们选定了远处的一棵大树，果然插秧都很直。

这让我们想起了另外一个故事：

父亲和孩子在雪地里走，父亲对孩子说："咱们看谁走得脚印直。"

孩子高兴地说："好吧！不过有时间限制吗？"

父亲说："没有时间限制！只要脚印直就算赢了。"

于是孩子看着自己的脚，脚尖连着脚跟，一下一下地向前走，等他走到指定的地点时，父亲早就到了，正站在那里看着孩子笑。

孩子向后一看，只见父亲的脚印非常直，可是自己的脚印却是歪歪扭扭。

孩子疑惑地问父亲："我走得那么仔细，可是为什么还是走得没有您的直呢？"

父亲说："不要只看着自己脚下，你只要用眼睛看着前面的大树就能走直了！"孩子按照父亲说的去做，果然走得脚印非常直。

禅告诉你答案

不要只看着脚下，而应该给自己制订一个固定的目标。只有朝着确定的目标前进，才能获得最后的成功。

做自己的主人

曾会学士与珊禅师是多年的好朋友。有一次学士外出，偶然遇到了雪窦禅师，于是他就写了封信给雪窦，让他到灵隐寺去找珊禅师，并说珊禅师一定会照顾他的。雪窦禅师欣然接受，然后拜别，云游去了。

一别就是三年，曾会学士因为公事，来到了灵隐寺。他突然想起了三年前曾介绍过雪窦禅师来这里，于是便问珊禅师："雪窦禅师现在怎么样了？"

珊禅师疑惑地说："没有这个人呀！是不是搞错了？"

曾会学士说："怎么会错呢？我亲自介绍他来的！"

珊禅师十分为难，派人在寺中的上千僧众中寻找了个遍，可是找了一上午，也没有找到这个人。

曾会学士说："你还记得拿我介绍信的那个人吗？"

珊禅师摇摇头说："没有啊！我从来没有收到过你写的介绍信呀！"

珊禅师看学士那么着急想找到这个人，于是便和学士一起去找，可是找遍了每一个地方，就是不见雪窦禅师的踪影。直到天快黑的时候，才在一个很破的屋子的角落里找到了正在打坐的雪窦禅师。

曾会学士大喜地喊道："雪窦禅师！"

雪窦见是曾会学士，也感到十分惊喜，他与珊禅师各自作礼。珊禅师一见雪窦禅师就看出了这个和尚将来一定会有不一般的造化。

几人各自寒暄了一阵，曾会学士问道："三年前我亲笔写的介绍信你给丢了吗？为什么不给珊禅师看呢？害得你住这样的房子！"

雪窦禅师从衣袖里取出原封未动的介绍信还给曾会，说道："我只是一个云游的和尚，没有什么渴求，为什么要请人介绍呢？"

禅告诉你答案

俗话说求人不如求己！轻易求人不好。一方面容易养成依赖别人的习惯，使自己变得懒惰；另一方面，易使别人轻视自己，烦自己。所以，遇事最好自己努力解决，能不求人尽量不求人，万不得已时再求人。如果你很少求人，别人就可能认为你很有能力，从而更尊重你。

不迷信权威

隐峰和尚是马祖老禅师的得意弟子,关于他的灵异传说很多。他有一次赶路时,正好遇到两个军队在厮杀,过是肯定过不去了。只见隐峰将锡杖向天上一扔,跟着就飞起来了。

双方几十万人马激战正酣,看见有和尚在上空中飞,就全部停下来了,看隐峰和尚在空中飞行。当年隐峰学禅的时候,隐峰的老师马祖为了测试爱徒修行的深浅,老禅师决定找个机会试试他。

一日,老禅师看到隐峰推着板车,要从一条狭窄的小路上经过,就故意跑过去躺在路中间假装睡大觉,伸腿挡住去路。

“师父,您老人家快起来,要不然车压到您的腿了。”

马祖爱理不理地答道:“已经伸出去的腿不能收回来。”

隐峰一听,立即接口道:“已经前进的车不能再后退”。

于是隐峰推车从老禅师的腿上碾了过去。

马祖大叫一声,腿上已经鲜血淋漓。气愤的马祖一瘸一拐的找来一把斧头,来到法堂,敲钟召集所有僧众,大喝道:“哪个小子刚才碾伤了老僧双腿?你给我出来!”

僧人们个个都吓傻了,今天看来要血溅佛堂了。阿弥陀佛!

只有隐峰和尚毫无惧色,大踏步走上前去,把头放在马祖抡起的斧头下面。

马祖哈哈大笑,把斧头扔在地上,高兴地说:孺子可教!马祖横插一腿挡路,实际上是在问隐峰如何克服学禅路上的各种障碍。隐峰推车碾过,是表示自己要绝不后退,遇佛杀佛,遇祖杀祖。马祖又手执利斧进一步考验他,隐峰又以我不入地狱谁入地狱的大无畏精神坦然面对。看到爱徒如此精进,难怪老和尚哈哈大笑!

禅告诉你答案

坚持自己正确的认识，不迷信任何权威，这是我们在日常的生活和工作中必须要学会的。

聪明应对误解

有一次，释迦带着阿难等弟子们来到拘啖弥国，有一个对释迦怀有恨意的人竟收买了该国许多人，到处去说释迦的坏话。

阿难见情况越来越糟，就问释迦："此国之人对我们没有好感，我们不如到其他国去吧？"

释迦问："阿难，下一个国家如果也这样，该怎么办？"

阿难答："果真如此，再到其他国家。"

释迦说："照你这么说的话，事情便没完没了。我受人诽谤时，必坚持忍耐，终有真相大白的时候，届时自然止谤。悟者是不会为了毁誉褒贬而动摇心志的，因为这一切终将会成为过去。"

禅告诉你答案

谣言止于智者。如何去面对不符事实、乱嚼舌根的无稽谣传呢？最好的办法莫过于"以不变应万变"。同时我们正好借着谣言做个自我反省：有则改之；无则加勉。万不可为之勃然大怒或痛心疾首——这是下下之策。

冷静面对嘲笑

守端禅师的师父是茶陵郁山住持，有一天骑驴过桥，驴子的脚陷入桥的裂缝，住持被摔下驴背，忽然感悟，吟了一首诗：

我有神珠一颗，久被尘劳羁锁。

今朝尘尽光生，照见山河星朵。

守端很喜欢这首诗，一字一句地背下来。有一天，他去拜访杨歧方会禅师。

方会问他："你的师父过桥时跌下驴背突然开悟，我听说他作了首诗很奇妙，你还记得吗？"

守端就不假思索，开心地背诵起来。等他背完了，方会大笑一阵，然后，一言不发，起身就走了。守端非常奇怪，想不出这是为什么。

第二天一大早，他就赶去见方会，问他为什么大笑。

方会问："你见到昨天那个为了驱邪演出的小丑了吗？"

"我见到了。"

方会说："你连他们的一点点都不如。"

守端听了吓了一跳说："师父您是什么意思？"

方会说："他们喜欢人家笑，你却怕人家笑。"

守端听了，豁然醒悟。

禅告诉你答案

如果你不能接受一次嘲笑，将会受到别人更多的挑剔和攻击。人生中如果你不能忍一时之痛，那么你的痛苦将是长久的。

泰然面对讥讽

释迦在世时，一人因嫉妒释迦受世人景仰，心怀不平而当面对释迦破口大骂。但是，不管他的态度如何恶劣，言语如何不可理喻，释迦却始终保持沉默，冷静以对。

在他骂够骂累之后，释迦才开口说："朋友，如果有人送礼给他人，对方并不接受的话，请问该礼物属谁？"

此人不意有此一问，不假思索就答道："当然属送礼的人了。"

释迦见他这样答，继续问道："好，现在你对我破口大骂，如果我不接受这些詈言，请问它将属谁？"

此人一时语塞，默然不言，继之醒悟自己的过错，并为自己的无礼向释迦道歉，发誓绝不再诽谤他人。

禅告诉你答案

不论是谤是誉，总之唯有不受毁誉褒贬之左右，一心专诚，默默去"为所当为"的人，才是我们所向往的理想人物。在灰暗的日子中，不要让冷酷的命运窃喜；命运既然来凌辱我们，我们就应该用处之泰然的态度予以报答。

第八章

CHAN
GAOSUNI DAAN

禅告诉你 圆融变通的道理

禅者之道，无一定之法，唯圆融无碍方可通达禅境。参透圆融变通的禅道，我们就能在追求幸福之路上拥有圆通、圆活、圆满的智慧，当进则进，当退则退，当高则高，当低则低，思想不偏执于一隅，行动不固执于一律，灵活自如，能屈能伸，知非取舍皆有法度，前后左右皆有规章，做到言行举止总相宜，洒脱自由地行走于人生之旅途。

圆融之道

“我对佛法三藏十二分教，已略有所知，但对于南方所谓：‘直指人心，见性成佛’的道理却始终不能了解，恳请禅师为我指点！”药山禅师道。

石头希迁禅师说道：“肯定的不对，否定的也不对，肯定的否定不对，否定的肯定也不对，恁此时，该怎么办？”

药山禅师虽有契入，但未接心，过了一会儿，石头希迁说道：

“你的因缘不在我这里，还是到马祖大师那边去吧！”

药山禅师去参拜马祖时，提出同样的问题。马祖说：

“我有时叫他扬眉瞬目，有时又不叫他扬眉瞬目；有时扬眉瞬目是他，有时又不是他。你究竟怎样去了解他呢？”

药山听罢，一句话不说，便向马祖礼拜。马祖问道：

“你见到了什么，要向我礼拜？”

药山回道：“我在石头禅师那儿，正像蚊子叮铁牛。”

听明白后，融会于心，那是理解；见到什么，体会实践，那是境界。

境界的深浅，不可言语，如人饮水，冷暖自知。

药山禅师游走“江湖”，从湖南的石头希迁禅师，到江西的马祖道一禅师，江湖问道。所谓禅心，所谓本性，如果要能实践，石头禅师对他把肯定与否定放在一边，马祖禅师用扬眉瞬目也说是他不是他。是他是肯定，不是他是否定，其实，道，是否一如，空有一如。禅，原来是圆融之道。

禅告诉你答案

禅学之道，没有一定之规，悟到本心，然后行之于实践，就是正道。人生之路，没有一定之轨，悟到道理，然后圆融用之于实际，就是正道。

进退之道

龙虎寺得名于一个神奇的传说：据说，当年无德禅师云游到此，只见这里峰峦叠翠，草木葱茏，谷静涧幽，石奇泉清，是个修禅的好地方。然而，这里山尖坡陡，巨石嶙峋，没有一块适合建造寺院的平整地方。那天夜里，云雾密布，电闪雷鸣，一座小山头上，出现了一只白虎与一条乌龙。一时间，龙腾虎跃，虎啸龙吟，龙飞如电光，虎扑似疾风……第二天，一场龙争虎斗之后，大大小小的岩石被扫下深谷，山上出现了一片平展的土地。于是，无德禅师十年辛劳换来龙虎寺的殿堂齐备，一座丛林从无到有，数百禅僧云集其中。

俗话说，后有靠山，前有照壁。龙虎寺的照壁建好后，弟子们为了纪念那个神奇的传说，在上面画了一幅龙争虎斗图：龙游云端，盘旋将下；虎踞峰巅，作势欲扑。应该说，他们画得很好，惟妙惟肖，活灵活现，龙似生龙犹喷雾，虎如活虎腋生风……然而，整幅画面组合起来，却显得生气不足。也就是说，没有画出龙虎大战的灵魂来。

多次修改不见成效，弟子们只好向无德禅师请教。无德禅师看过之后说道："你们在这里画龙画虎，对龙与虎的习性知道多少呢？飞龙在天，下击之前身躯必然向后曲缩；猛虎踞地，上扑之时虎头定要尽量压低。龙曲得越弯，向前飞腾得越快；虎伏得越低，往上跳跃得越高。这就是龙争虎斗的特性。"

弟子们恍然大悟："哦，原来如此！我们的龙身画得太直，龙头也太靠前了；而猛虎的头仰得太高了，应该四肢后蹲，下颚贴地，犹如箭在弦上。"

"对呀，"无德禅师说："为人做事，参禅悟道，也是一样。经过后退几步的准备，才能跳得更远；历经谦卑的反省，才能弹射得更高。所以，你们要切记，向下是升高，退步是向前。"

"向下是升高，退步是向前……"

弟子们默默思索着师父的话。无德禅师悄悄地走了。不知何时，绿树掩映的远方，似乎随风飘来一阵若有若无的吟诵声：

手把青苗插福田，低头便见水中天。

心地清静方为道，退步原来是向前。

禅告诉你答案

人生之路，没有一定之规，唯有与时俱变方可取得成就。当进则进，当退则退，当高则高，当低则低，这样方是最佳之法。

换一个角度

有一位商人想做很多事情，但却感到力不从心。于是，他向一名得道高人请教。

高人得知他的困惑后，就拿出一个钵盂，让商人往里面填石头。

填满后，高人问商人："还能再装吗?"商人回答说："不能装了。"

高人让他往钵盂里装沙子，结果，商人又装进了好多沙子。

装完后，高人问商人："还能再装吗?"商人回答说："这回不能再装了。"

高人让他再向钵盂里倒水，自然又装进了很多水。

商人顿悟！从此以后，他在经商的路上得到了不断地发展。

一天，商人又来找高人，说："我已经证实了自己的价值，我想在后半生写点什么。可是，我总是坐下来很久，思考很久，也不能下笔。怎么办?"

高人又拿出那个钵盂，先让商人往里面装石头。

装完后，高人问商人："还能再装吗?"商人回答说："能。"于是商人又往钵盂里装了很多沙子。

装完后，高人又问商人："还能再装吗?"商人回答："还能。"商人又往钵盂里装水，自然又装进了很多水。

这时，高人问商人："是否还能装?"商人皱皱眉头，思考良久，说："不能了。"

这时，高人拿起钵盂，将钵盂里的石头、沙子、水全都倒掉，又问商人："是否还能装?"

商人又一次顿悟。

商人经过两次的请教，受益匪浅，事业更是蒸蒸日上。

禅告诉你答案

现代企业的经营管理贵在创新。换一个角度思考问题,往往会柳暗花明又一村。

富商悟禅

有一个傲气十足的富商腆着个大肚子来到寺院,站在财神面前说:“你有什么?还不是依靠我的供品,你才能活下去?”

禅师听到后很生气,就把富商带到窗前说:“向外看,告诉我,你看到了什么?”

“看到了许多人。”富商说。

禅师又把他带到一面镜子前,问道:“你看到了什么?”

“只看见我自己。”富商回答。

禅师说:“玻璃镜和玻璃窗的区别只在于那一层薄薄的银子,这一点点可怜的银子,就叫有的人只看见他自己,而看不见别人了。”

富商面带愧色地离去。

禅告诉你答案

有钱有势并不能说明一个人的高贵,重要的是有了钱有了势,还能保持一种做人的本色和谦虚谨慎、平等待人的心态,这才是最可贵的。

换种欣赏的态度

一个青年来到绿洲碰到一位居士，年轻人便问："这里怎样？"

居士反问："你的家乡怎样？"

青年回答："糟透了，我很讨厌。"

居士接着说："那你走吧，这里同你的家乡一样糟。"

后来又来了另一个年轻人问同样的问题，居士也同样反问，年轻人回答："我的家乡很好，我很想念家乡的人、事、物……"

居士便说："这里也同样的好。"

旁观者听后，觉得非常诧异，于是问居士为什么前后的说法不一样。居士说："你要寻找什么，你就会找到什么！"

禅告诉你答案

当你以欣赏的态度去看一件事，你便会看到许多优点；以批评的态度去看一件事，你便会看到许多缺点。

云游和尚的妙计

过去，有一个老太太，她有两个女儿，大女婿是卖草帽的，二女婿是卖伞的。

一到雨天，老太太就唉声叹气，说："大女婿的草帽不好卖，大女儿的日子不好过了。"

但一到晴天，她又想起二女儿："又没人买雨伞了。"

所以，不管晴天还是雨天，老太太都不开心。

一位云游和尚听说了这件事，就来开导她：“晴天，你就想想大女儿的草帽好卖了，雨天你就想想二女儿的雨伞一定生意不错。这样，你不就天天高兴了吗？”

老太太听了云游和尚的话，天天都有了笑容。

禅告诉你答案

无论什么事情都可以从不同的角度去想，为什么总去找对自己不利的一面呢？

不拘泥于形式

有一回，一个衣衫褴褛的穷人来到荣西禅师面前，向他哭诉：“我们家已经好几天揭不开锅了，上有老，下有小，一家人眼看就要饿死了，师父慈悲，救救我们吧，我们一家人将感恩不尽，永远记得师父的恩德……”

荣西禅师面露难色，虽然他想救这家人，可是连年大旱，寺里也是吃了上顿没下顿，让他如何救这家可怜的穷苦人呢？荣西禅师一时束手无策。

突然，他看到身旁的佛像，佛像身上是镀金的，于是他就毫不犹豫地攀到了佛像上，用刀将佛像上的金子刮了下来，用布包好，然后交给穷人，说道：“这些金子，你拿去卖掉，换些食物，救你的家人吧！”

那个穷人看到禅师这样，于心不忍地说道：“我这是罪过呀，逼得禅师为难！”

荣西禅师的弟子也忍不住地说：“佛祖身上的金子就是佛祖的衣服，师父怎可拿去送人！这不是冒犯佛祖吗？不是对佛祖的大不敬吗？”

荣西禅师义正词严地回答：“你说得对，可是我佛慈悲，他肯定愿意用自己身上的肉来布施众生，这正是我佛的心愿啊，更何况只是他身上的衣服呢！这家人眼看就要饿死了，即使把整个佛身都给了他，也是符合佛的愿望的。如果我这样做要入地狱的话，只要能够拯救众生，那我赴汤蹈火，也在所不辞！"

禅告诉你答案

盲目地崇拜权威而不能体会权威的思想，是一件可悲的事。信仰，应当体现在用行动来实践教义，而不必拘泥于表面形式。

站的角度不同

人站在不同的位置和高度下，说出的话是不一样的，思考问题的方式当然也会不一样；人处在不同的条件和环境下，说出的话就更不一样了，思考问题的方式就也会千差万别；当位置、高度、条件、环境发生了变化后，再去看当时的观点，再去想当时的想法，更会觉得有些可笑了，人其实是个矛盾体啊！

一位小和尚正与一位老和尚争辩。

"哈哈！太阳围着我转了八十多年了，我还没有死。今后，它说不定还会围着我转二十年哩。"老和尚得意扬扬地说。

"不对！是您围着太阳转了八十多年了！"小和尚说。

"什么？我围着太阳转？胡说八道！我每天搬个小凳坐在院子里，太阳从东边升起，从西边落下，明明是我不动，太阳动，你怎么说我围着它转呢？"

"那不是太阳在动，是地球在动。您每天坐在地球上，围着太阳，旋转八万里呢！"小和尚说。

"你说地球会转？"

"对！它不仅会围着太阳转，而且自己也会转。"

“那我怎么没有从地球上跌下去?”老和尚不服气地说。

“那是因为地球的引力。”

“地球的引力？那它怎么没把月亮、星星引到地球上来?”老和尚反驳道。

“那是因为地球的引力也是有限的……”

“有限的？谁限制了它？天底下难道有人在限制地球?”老和尚争道。

“那是……”小和尚尽自己所知,向老和尚解释着,与他争辩着。

最后,老和尚无话可说,只叹气道:“唉！活了八十多年,居然被太阳和地球骗了八十多年!”

“不！它们没骗您,是您自己把它们看错了。”

“可是,我又怎么会看错呢?”老和尚不解地问。

“那是您站的角度不同。假如您不是站在地球上,而是站在太空另一个星球上,那么,情况就又不一样了呢!”小和尚说。

“说的是呀。”老和尚若有所思。“世上之人看事情也是如此,只因站的角度不同,往往把一个事物看得天差地别,还以为自己受了它们的欺骗,实际上,错在我们自己呀。”

现在终于明白了,人要让自己站在不同的角度看问题,更要从许多方面思考事情,这样你才不会犯片面、偏激的错误。

禅告诉你答案

关于人生更是如此,如果和人相处总是在强调差异,就不会相处融洽;如果把注意力放在别人和自己的共同点上,与人相处就会容易很多。

做事要灵活

一位禅师派他的三个徒弟去远方。他把他们送到路口，吩咐他们说：“从这儿往北都是通畅的大路，沿着这条大路走，不要走岔路。”

三个徒弟把师父的话铭记心中，然后辞别师父，沿着大路往北走。他们走了大约一百公里，发现有条河横在面前，沿河往西走半里就有一座桥。其中一位徒弟说：“我们向西走半公里路，从桥上过吧？”

其他二位皱着眉头说：“师父让我们一直往北走，我们怎能走弯路？”说完，他们三个互相扶着涉水而去。

过了河，又走了大约一百公里，有一堵墙挡住了去路。其中一位又说：“我们绕过去吧？”

另外两个仍坚持说：“师父教导我们无往不胜。我们怎能违背师父的话？”

于是迎墙前进，“砰”地一声，三人碰倒在墙下。三人爬起来还互相勉励：“与其违背师父苟且偷生，不如遵从师命而死。”然后又互相搀扶，向着墙撞去……

禅告诉你答案

做任何事都要有灵活性。这条路走不通，还有另外一条。只要能达到目的，走哪条路都一样。

透过现象看本质

有一个痴者因为自己总是看不到人间的真实，就去向禅师请教。

“禅师,请您告诉我怎样才能看到人间的真实？我在人生路上艰难地跋涉,到后来我才发现,我始终走在一个表象里。”

“当我被她的甜言蜜语所迷惑,决定娶她为妻时,一转身,就发现她在用相同的语言与别人约会。”

“当我把我的所有赠给一个衣衫褴褛、面色忧郁的路人时,却发现他对我毫无所求。”

“我把对我笑的人当做我的朋友,骂我的人当做我的敌人时,却发现想把我推下深渊的,正是那个对我笑的人。”

“为什么爱我的人偏偏不说爱我？人在我的身边,为何心却走了？怯懦者为何平时总是穿着勇敢的外衣？明明有求于我,为何偏偏要把一箱箱的珍宝送给我……这些表象实在令人迷惑,禅师,请您告诉我,我应该怎样去判断?”

禅师说:“年轻人,有时我们眼睛所看到的未必是真相,耳朵所听到的往往是那些扰乱心智的声音。因此,离你而去者也许是真心爱你的人;送你珍宝的可能正是有求于你的人。”

“当一个人送你鲜花,一个则送刺给你,请不要急于断定哪一个是亲你者,哪一个是疏你者。”

“当你看见一个人鲜血淋漓地躺在地上,一个人站在旁边无动于衷时,请不要贸然断定哪个是死者,哪个是生者。”

“当你看到一个黑发者和一个白发者站在一起时,请不要在两者谁是老人的问题上妄下定论。”

“当一个人口齿伶俐、声调高亢时,一个人结结巴巴、声音颤抖时,请不要盲目断定哪个是勇敢者,哪个是怯懦者。”

“当你看见一个人在不停地流泪,一个人却在放声大笑时,请不要立刻断定哪一个是快乐者,哪一个是痛苦者。”

“当你站在冰封雪冻的湖面上,被飘舞的雪花所环绕时,请不要认为明天还会是这样;今天的幸福可能会成为明天的痛苦,稍纵即逝的或许就是永恒的……”

痴者听了禅师的这番话后，豁然开悟了。他高兴地说：“我明白了。”

“在你对世间万物没有真正领悟之前，请不要说‘我明白了’。”禅师接着说。

禅告诉你答案

不要被表象所迷惑，要透过现象看本质，才能较好地待人接物，才能在面对生活、面对事业时少犯错误。

上善若水

他找到大师。大师沉思良久，默然舀起一瓢水，问：“这水是什么形状？”

这人摇头：“水哪有什么形状？”

大师不答，只是把水倒入杯子，这人恍然：“我知道了，水的形状像杯子。”

大师无语，又把杯子中的水倒入旁边的花瓶，这人悟然：“我又知道了，水的形状像花瓶。”

大师摇头，轻轻提起花瓶，把水倒入一个盛满沙土的盆。清清的水便一下溶入沙土，不见了。这人陷入了沉默与思索。

大师低身抓起一把沙土，叹道：“看，水就这么消逝了，这也是一生！”

这个人对大师的话沉思良久，高兴地说：“我知道了，您是通过水告诉我，社会处处像一个个规则的容器，人应该像水一样，盛进什么容器就是什么形状。而且，人还极可能在一个规则的容器中消逝，就像这水一样，消逝得迅速、突然，而且一切无法改变！”

这人说完，眼睛紧盯着大师的眼睛，他现在急于得到大师的肯定。

“是这样。”大师拈须，转而又说，“又不是这样！”

说毕，大师出门，这人随后。在屋檐下，大师伏下身。用手在青石板的台阶上摸了一会儿，然后顿住。这人把手指伸向刚才大师手指所触之地，他感到有一个凹处。他迷惑，他不知道这本来平整的石阶上的“小窝”到底藏着什么玄机。

大师说：“一到雨天，雨水就会从屋檐落下。你看，这个凹处就是水落下的结果。”

此人于是大悟：“我明白了，人可能被装入规则的容器，但又像这小小的水滴，改变着这坚硬的青石板，直到破坏容器。”

太师说：“对，这个窝会变成一个洞！”

禅告诉你答案

上善若水，水利万物而不争。为人处世要像水一样，能屈能伸：既要尽力适应环境，也要努力改变环境，实现自我。我们应该有多一点的韧性，能够在必要的时候弯一弯，转一转。太坚硬的东西容易折断。唯有那些不只是坚硬，而更多有一些柔韧的弹性的人，才可以克服更多的困难，战胜更多的挫折。

柔弱居上

法师将要圆寂了，他的弟子都去探望。弟子来到法师床前，求教道：

“师父的病不轻啊，还有什么要传授给弟子的吗？”

法师点头，随后张开口，让弟子看，并问道：“我的舌头还在吗？”

弟子回答：“还在，好着呢！”

法师又问：“我的牙齿还在吗？”

因为年迈，法师的牙齿已经掉光了，只露着光秃秃的牙床。

“牙齿不在了。”弟子老老实实回答。

法师又问：“你们领悟到这个道理了吗？”

弟子们略有所悟地回答：“因为柔软，所以舌头存着；因为刚强，所以牙齿掉光。是这个道理吗？”

法师说：“对啊，天下的道理都在这里。我已经没什么话要说了。”

禅告诉你答案

柔弱居上，刚强处下。柔弱和刚强是相对的。以弱示人，往往能让自己带来好人缘，获得更多的成事机会，而处世太刚强则容易得罪人，使事情往往失败。

以不变应万变

道树禅师建了一所寺院，与道士的庙观为邻。道士放不下观边的这所佛寺，因此，每天变一些妖魔鬼怪来扰乱寺里的僧众，要把他们吓走。今天风驰电掣，明天呼风唤雨，确实将不少年轻的沙弥都吓走了。可是，道树禅师却在这里一住就是十几年。到了最后，道士所变的法术都用完了，可是道树禅师还是没走。道士无法，只得将道观放弃，离他而去。

后来，有人问道树禅师说：“道士法术高强，您怎能胜他呢？”

禅师说：“我没有什么能胜他的，勉强说，只有一个‘无’字能胜他。”

“‘无’怎能胜他呢？”

禅师说：“他有法术，‘有’是有限、有尽、有量、有边；而我无法术，‘无’是无限、无尽、无量、无边；‘无’和‘有’的关系，是以不变应万变。我‘无变’当然会胜过‘有变’了。”

禅告诉你答案

以不变应万变，这是人生的哲理。只有做到随机应变，才能应对突发的情况。

学会放弃

有一个聪明的年轻人，很想在各个方面强过别人，他尤其想成为一名大学问家。可是，许多年过去了，他的其他方面都不错，可学业却没有多少长进。他非常苦恼，特去向一位大师求教。

大师说："我们登山吧，到山顶你就知道该如何做了。"

那山上有许多晶莹的小石头，煞是迷人。每当见到他喜欢的石头，大师就让他装到袋子里背着，很快，他就吃不消了。"大师，再背，别说到山顶了，恐怕我连动一动的力气都没了。"他凝望着大师。"是呀，那该怎么办呀？"大师微微一笑："该放下啦，背着石头怎么可以登上顶峰呢？"大师笑了。

年轻人一愣，忽觉心中一亮，向大师道谢后走了。后来，他一心做学问，进步飞快……其实，人要有所得，必然会有所失，只有学会放弃，才有可能登上人生的巅峰啊！

禅告诉你答案

人生在世，有许多东西是需要放弃的。古人言：无欲则刚。这其实是一种境界，一种修养。没有太多的欲望负累，就会活得更加简洁，更加洒脱，更加自由。有时，你选择了放弃，也便选择了成功的获得。

有舍才有得

有位居士向禅师诉苦:“我的妻子非常吝啬,不但对慈善事业毫不热心,甚至连亲戚朋友遇到困难也不肯接济。请禅师去我家开导开导她。”

禅师是佛的弟子,对于信众也是有求必应,就跟随着居士来到家中。果然,居士的妻子十分抠门,仅仅给禅师倒了一杯白开水,连一丁点儿茶叶末都舍不得放。禅师并不计较,不过,不知为什么,他用两个拳头夹着杯子喝水。居士的妻子扑哧一声笑了。禅师问她笑什么?她说:“师父,您的手是不是有毛病?怎么总是攥着拳头?”

禅师问:“攥着拳头不好吗?我若是天天这样呢?”

“那就真是毛病了,天长日久,就成了畸形。”

“哦——”禅师像是恍然大悟,伸开手,却又总是扎煞着五根指头,干什么也不肯合拢。居士的妻子又被他的滑稽模样逗乐了,笑着说:“师父哎,您的手总是这样,还是畸形啊!”

禅师点点头,认真地说:“不错,总是攥着拳头与总是伸开巴掌,都是畸形。这就如同我们的钱财,若是只知死死攥在手里,总也不肯松开,天长日久,人的思想就成了畸形;若是大撒手,只知花用不知储蓄,也是畸形。钱,是流通的,只有流转起来,才能实现它的价值。”

居士妻子的脸微微红了。因为她明白了,禅师所做的一切,都是在变相规劝她的吝啬悭贪。道理她虽然知道了,但总觉得受了挫折。想着给禅师出个难题,从面子上扳回来。这时,她家养得一只小猴子跑了进来。她灵机一动,将小猴抱起来,对禅师说:“大师,您看这小猴子多可爱呀,跟我们人类的模样差不多。”

禅师开玩笑说:“它比人多了一身长毛,若肯舍弃,就可以做人了。”

居士的妻子说:“您法力无边,请想方设法让它也变成人吧。”

居士一边训斥妻子荒唐，一边向禅师道歉。谁知，禅师认认真真地说："好吧，我可以试试看。不过，能不能变成人，主要看它自己。"

禅师伸手拔了一根猴毛。小猴子痛得吱吱乱叫，从女主人怀里挣扎出来，逃之夭夭，不见了踪影。

禅师长长叹了一口气，摇着头说："唉——它一毛不拔，怎么能做人呢？舍得、舍得，有舍才有得；丝毫不舍，如何能得？"

禅告诉你答案

有付出才有收获，有放弃才有得到。人生之道，一张一弛，这样才能获得比较美好的结果。

要看重自己

有个生长在孤儿院的小男孩，非常悲观。一天，他来到一座寺院，求教长老："像我这样没人要的孩子，活着究竟有什么意思呢？"

长老总是笑而不答。

一天，长老交给男孩一块石头，说："明天早上，你拿这块石头到市场上去卖，但不'真卖'。记住，无论别人出多少钱，绝对不能卖。"

第二天，男孩拿着石头蹲在市场的角落，意外地发现有不少人好奇地对他的石头感兴趣，而且价钱越出越高。回到院内，男孩兴奋地向长老报告，长老笑笑，要他明天到玉石市场去卖。在玉石市场上，有人出比昨天高十倍的价钱来买这块石头。

最后，长老叫孩子把石头拿到宝石市场上去展示。结果，石头的身价又涨了十倍，更由于怎么都不卖，竟被传扬为"稀世珍宝"。

男孩兴冲冲地捧着石头回来，把这一切告诉长老，并问为什么会这样。

长老没有回答，望着男孩慢慢说道：“生命的价值就像这块石头一样，在不同的环境下就会有不同的意义。一块不起眼的石头，由于你的珍惜、惜售而提升了它的价值，竟被传为稀世珍宝。你不就像这块石头一样吗？只要自己看重自己，自我珍惜，生命就有意义，有价值。”

禅告诉你答案

自己把自己不当回事，别人会更瞧不起你。生命是自己的，生命的价值首先取决于你自己的态度，珍惜独一无二的你自己，珍惜这短暂的几十年光阴。然后再去不断充实、发掘自己。最后，世界才会认同你的价值。

谦虚让人进步

很久以前，有一座深山。山上古木参天，奇花遍地，人迹罕至。只有潺潺的溪水和偶尔的鸟鸣，才会打破这份宁静。

在这座深山里，住着一老一小两位和尚。老和尚是位得道者，面容清瘦，精神矍铄，雪白的须眉下，双目炯炯有神。小和尚虽然也希望能修得正果，却不愿像老和尚那样整天修炼，因此，没有多大的本事。

老和尚经过多年的苦心修炼，有了五种神奇的神通力。老和尚到处寻访仙人，虚心求教，而其他仙人也常常赠给他各种仙果佳酿。老和尚从阎浮罗提来一大篮山上从没见过的瓜果；从北方的邯郸国，他带回了又香又软的大米。老和尚每次带回美味佳肴时，总要唤来小和尚：“年轻人，若是心术不正，总有一日你会丧失神通力的。”

可是小和尚对老和尚的苦口良言充耳不闻，反而以为老和尚让他在众人面前出了丑，便到处诽谤老和尚，说是老和尚嫉妒他的本事，见不得年轻人比自己强。

流言传到老和尚那里，他只是淡淡一笑，也不做任何辩解，因为他知道他的预言终有一天会变成现实。

果然，没过多久，小和尚在一次表演中，竟然失足跌下来，众人哄堂大笑。他试图再次拔地而起，却怎么也升不上天空了。小和尚不甘心在众人面前丢人现眼，他一遍遍地施展各种神通，结果都失败了，他所得到的却是众人嘲讽的笑声，原来他的神通力已全部失去了。

一传十、十传百，小和尚失去神通力的消息很快传遍了全城。这时，全城百姓都赞扬老和尚品德高尚，本领非凡。同时，纷纷谴责小和尚心胸狭隘，品行低下，最后一致决定把小和尚驱逐出城。

沮丧的小和尚这才懊悔自己不该把老和尚的忠告当成耳旁风，可是一切都已经晚了，他只能在众人的斥责声中灰溜溜地离去。

禅告诉你答案

谦虚使人进步，骄傲使人落后。做人要懂得谦虚的道理，如果学到一点本领就骄傲起来，那结果注定会是失败。所以，做人要谦虚，做事要谨慎。

不要作茧自缚

有一位中年妇女，曾经养育了一个儿子，还想再生一子，苦于不知求子的方法。她问其他的女人："谁有本领使我能再生养一个儿子？"

女人中有一位老妇人，回答她说："我可以使你心想事成，再生一个儿子。但是，你必须去行祀天之礼。"

她见有希望，忙不迭地又问老妇人："祀天之礼一定要行的，但以何物来做祀品呢？"

老妇人不紧不慢地告诉她："把你儿子杀死，取其血以祀天，肯定可以再生几个儿子。"

这位中年妇女信以为真，求子心切，准备杀死她的儿子来祀天。一位禅师知晓此事，忍不住嘲笑地说："世界上也真还有这样的愚人，傻到这种地步，为了求生一子，为了一个未出生的儿子，而去杀死身旁活着的儿子。"

禅告诉你答案

愚蠢的人就是这样，为了转瞬即逝的快乐，竟然作茧自缚，自投火坑。他们正在做着形形色色损理害己的事情，却又痴心地以为这是去往净土西天的途径。我们必须掌握变通的原则，学做一个聪明人。

形式要服务于内容

丹霞禅师未出家时曾一度追求功名。有一天，有人对他说："做官还不如做佛。"于是他就来到了马祖那里，请求他收留。

可是马祖禅师不肯收留他，对他说："每个人都有因缘，你的因缘不在我这里，你还是到别的地方去吧！"于是，丹霞就来到了石头禅师那里，石头禅师收留了丹霞，命他每日做一些无关紧要的小事，一做就是好几年，丹霞从无怨言。

有一天，石头禅师命大家除草，让大家都回去拿除草的工具，可是丹霞却拿了一把剃刀。石头禅师看他已经开悟，便为其剃度。

过了一段时间，丹霞去见马祖，感谢他指点之恩。他直接进入大殿，骑在祖师的圣像上，众人大惊，急忙向马祖禀报。马祖出来看到他这样，欢喜地说："我子天然！"从此，丹霞即以"天然"为名。

严冬的时候，大雪纷飞，天气异常寒冷，寺中没有足够的木材了，丹霞便把大殿上的木雕佛像丢入火中取暖。众僧纷纷斥责丹霞对佛大不敬！

丹霞说道："我是在烧取舍利子，而不是在烤火！"

众人厉声斥责说："木刻的佛像里怎会有舍利子？"

丹霞说："既然是木头，拿来烧火又有何妨？"众人哑然。

禅告诉你答案

形式要服务于内容，完全遵从形式是更大的束缚。如果完全遵循形式，就有可能离自己的目标越来越远。

急中生智

慧清禅师向众僧问道："如果你不能前、不能后、不能左、不能右，怎样才能得到安稳呢？"

众僧人不知如何回答。

禅师于是向众僧讲了一个故事：

有个偷盗高手，他整日无所事事，专以偷别人的东西为生，儿子渐渐长大了，他也老了，于是他决定把一身手艺传给儿子。

一天晚上，他把儿子带到一个富翁家里，然后撬开了柜门，让儿子进去偷东西。儿子刚进去，他就从外面把柜门锁上了，然后故意弄出声响，自己急忙跑了回去。儿子在柜子里急得要命，眼看着富翁就要来了，“急中生智”，急忙学起鼠咬的声音。

富翁举着油灯去开柜子，柜子刚一打开，他就急忙把油灯吹灭，然后从柜子中跳了出来，向外逃走。富翁派人从后追赶，眼看就要追上了，这时候他来到一口井的旁边，把石头推到井里，别人都以为他跳到井里去了，于是都围在井口，向下张望，他抓住这个空当，跑回家去了。

回到家，看见父亲正在睡觉，就气呼呼地说：“您怎么这么狠心，居然把我锁在柜子里，您自己却在这里睡觉！”

父亲看他平安回来，就满意地对他说：“很好，以后你可以顶替我了！”

禅告诉你答案

困境中顿悟，急难中生智。人生之中，每人都会遇到危急时刻，这时候我们唯有学会变通，急中生智，方可求得安稳。

果断舍弃

有一次，慧远禅师遇到了一位嗜烟的行人，两人走了很长一段山路，然后坐在河边休息。那位行人给了慧远禅师一袋烟，慧远禅师高兴地接受了行人的馈赠。

慧远禅师同那个人分开以后，心想：这个东西令人很舒服，肯定会打扰我禅定，就把烟管和烟草全部都扔掉了。

过了几年，他又被《易经》迷上了。但是他想：《易经》占卜固然准确，但如果我沉迷此道，怎么能够全心全意地参禅呢？从此以后他再也不接触《易经》之术。后来，他又迷上了书法，每天钻研，居然小有所成，有几个书法家居然也对他的书法赞不绝口。他转念想：我又偏离了自己的正道，再这样下去，我很有可能就成为书法家，而成不了禅师了。从此他一心参悟，放弃了一切与禅无关的东西，后来成了一位禅宗大师。

禅告诉你答案

做人当然要有追求，但你不能因为过多的欲求，在不同的环境中迷失自我。当你知道你所接触的东西，不是你所要真正追求的东西时，就要果断地舍弃，即便它是那样的美好，让你如痴如醉。

太偏执不好

永嘉禅师《证道歌》说："镜里看形见不难，水中捉月争拈得？"这两句禅诗，自古以来，在禅林广为流传。

镜里的花，是镜前花的投影；水中的月，是天上月的投影。如果你想得到镜中的花朵、水中的月亮，到头来只是一场空，甚至于丢了性命。

《摩诃僧祇律》卷七记载了这样一个故事：过去，在一座城里，有五百只猕猴。有一天它们来到树林中游玩，玩得兴高采烈，不知不觉就到了晚上，一轮明月升上了天空。

猴子们游玩的树下有一口井，正在嬉戏中的猴子们朝井中一看，发现了井里月亮的倒影。猴王对其他的猴子说："可怜的月亮，今天落到了井里，快要淹死了。让我们一起来想想办法，把它救出来，免得这个世界上晚上没了月亮，一片黑暗。"

猴子们听了，都觉得有道理。可它们很快就犯了愁：这口井看上去很深，怎样才能把月亮从里面捞出来呢？

这时猴王想出了一个主意，说："我抓住树干，你们抓住我的尾巴，这样一个抓住另一个的尾巴，一点一点往下放，我们就能捞出月亮了。"

猴子们一听，都认为这是个好主意，就依言照办，一个抓住另一个的尾巴，下到井里去。

就在最前面的那只猴子快要捞到井中月亮的时候，突然间听得一声巨响！原来是猴王抓住的那棵树干，承受不住那么多猴子的分量，一下子折断了。这样一来，捞月亮的猴子们全都落到了井里，活活地被淹死了。

禅告诉你答案

这则寓言旨在说明，愚痴的人，将虚幻的影子当做真实，并生起贪心去追逐它，结果徒劳无功，招致了灭顶之灾。《红楼梦》写宝黛的恋情，"一个是水中月，一个是镜中花。想眼中能有多少泪珠儿，怎经得秋流到冬，春流到夏！"就是借用了这个意思，来说明偏执于情感带来的人生的幻灭。

恶习也可以改

盘珪禅师说法时不仅浅显易懂，也常在结束之前，让信徒发问问题，并当场解说，因此不远千里慕名而来的信徒很多。

有一天，一位信徒请示盘珪禅师说："我天生暴躁，不知要如何改正？"

盘珪："是怎么一个'天生'法？你把它拿出来给我看，我帮你改掉。"

信徒："不！现在没有，一碰到事情，那'天生'的性急暴躁，才会跑出来。"

盘珪："如果现在没有，只是在某种偶发的情况下才会出现，那么就是你和别人争执时，自己造就出来的，现在你却把它说成是天生，将过错推给父母，实在是太不公平了。”

禅告诉你答案

天生的，世间上没有天生的东西，大自然因缘聚合会生森罗万象，吾人的本性上包含了善恶诸法，所谓“心生则种种法生，心灭则种种法灭”。任何人只要有心，没有什么改不了的恶习。

生命之弦

有一天，释迦牟尼听到了一阵悦耳的琴音，他走近一看，原来是位尊者。

“您的弦拉满了吗？”释迦牟尼问。

尊者回答：“没有。”

“那么，您把它放松了吗？”释迦牟尼又问。

尊者回答：“没有。”

“那么您是怎么调它的？”释迦牟尼问。

尊者回答：“不松不紧，这样才能弹奏出美妙的音乐。”

禅告诉你答案

奥妙大师曾说：“生命，就是一场游戏。”如果我们对待每一件事，轻松却不轻浮面对，说不定，我们会达到事半功倍的效果。只有在琴弦不松不紧的时候，才能弹奏出美妙的生命之歌来。

不回头的和尚

一个老和尚肩上挑着一根扁担信步而走，扁担上悬挂着一个盛满绿豆汤的瓷壶。他不慎失足跌了一跤，瓷壶掉落到地上摔得粉碎，这位老和尚仍若无其事地继续往前走。

这时，有一个人急忙跑过来激动地说："您不知道瓷壶已经破了吗？"

"我知道。"老和尚不慌不忙地回答道。

"那么您怎么不转身，看看该怎么办？"

"它已经破碎了，汤也流光了，你说我还能怎么办？"

禅告诉你答案

生命的过程就如同一次旅行，如果把每一个阶段的成败得失，全都扛在肩上，那今后的路你就没有办法走下去了。所以，你必须丢弃过去的一些东西。跟过去说再见，去朝着更大的目标迈进。

把态度放低点

一个满怀失望的年轻人千里迢迢来到法门寺，对住持释圆说："我一心一意要学丹青，但至今没有找到一个能令我满意的老师。"

释圆笑笑问："你走南闯北十几年，真没能找到一个自己的老师吗？"

年轻人深深叹了口气说："许多人都是徒有虚名啊，我见过他们的画帧，有的画技甚至不如我。"

释圆听了，淡淡一笑说："老僧虽然不懂丹青，但也颇爱收集一些名家精品。既然施主的画技不比那些名家逊色，就烦请施主为老僧留下一幅墨宝吧。"说着，便吩咐一个小和尚拿了笔墨纸砚来。

释圆说："老僧的最大嗜好，就是爱品茗饮茶，尤其喜爱那些造型流畅的古朴茶具。施主可否为我画一个茶杯和一个茶壶？"

年轻人听了，说："这还不容易？"

于是调了一砚浓墨，铺开宣纸，寥寥数笔，就画出一个倾斜的水壶和一个造型典雅的茶杯。那水壶的壶嘴正徐徐吐出一脉茶，注入了茶杯中。年轻人问释圆："这幅画您满意吗？"

释圆微微一笑，摇了摇头。

释圆说："你画得确实不错，只是把茶壶和茶杯放错位置了。应该是茶杯在上，茶壶在下呀。"

年轻人听了，笑道："大师为何如此糊涂，哪有茶壶往茶杯里注水，而茶杯在上茶壶在下的？"

释圆听了，又微微一笑说："原来你懂得这个道理啊！你渴望自己的杯子里能注入那些丹青高手的香茗，但你总把自己的杯子放得比那些茶壶还要高，香茗怎么能注入你的杯子里呢？"

禅告诉你答案

只有把自己放低，才能吸纳别人的智慧和经验。江河之所以能纳百涧之水，就是因为身处低处。

第九章

CHAN
GAOSUNI DAAN

禅告诉你自然恬然的方法

如果我们通达自然的禅境之后，生命中的烦恼、生活里的困顿，都将会随风而逝，心灵将不再无所依凭、随风飘荡，而将与自然生灵契合，与天地万物相融，找到真正的精神故乡。你将不再拥有“只道当时是惘然”的叹息，而是从内心焕发出“人生若只如初见”的欣喜。

无处不禅机

唐朝龙潭崇信禅师，跟随天皇道悟禅师出家，数年之中，打柴炊爨，挑水作羹，不曾得到道悟禅师一句半语的法要。一天乃向师父说：“师父！弟子自从跟您出家以来，已经多年了。可是一次也不曾得到您的开示，请师父慈悲，传授弟子修道的法要吧！”

道悟禅师听后立刻回答道：“你刚才讲的话，好冤枉师父啊！你想想看，自从你跟随我出家以来，我未尝一日不传授你修道的心要。”

“弟子愚笨，不知您传授给我什么？”崇信讶异地问。

“你端茶给我，我为你喝；你捧饭给我，我为你吃；你向我合掌，我就向你点头。我何尝一日懈怠，不都在指示心要给你吗！”崇信禅师听了，当下顿然开悟。

禅就是生活。日常生活的搬柴运水，喝茶吃饭，无不蕴藏无限的禅机。

日本真观禅师，最初研究天台教义六年，后来改习禅学七年，为了寻师访道，以期明心见性，找到自己本来面目，又负笈中国各名山丛林，参话头，习禅定，又经历十二年之久。

二十多年后，他终于在禅门中得道，因此，束装返国，在东都、奈良等地弘扬禅法。各地学者，蜂拥而来参禅求道，大家都争相以一些困难的问题，要他解答。

那些问题包括：

一、什么是吾人自己的本来面目？

二、达摩祖师西来大意是什么？

三、人问赵州狗子有无佛性，赵州时而说有时而说无，究竟是有是无？

问题虽多，真观禅师总是闭着眼睛，不予回答。有人也知道真观禅师不愿和人议论禅门公案，大家对公案禅搬来说去，并不能得到真正的受用。

一天，有一位五十余岁的天台学者道文法师，研究天台教义三十余年，慕名而来，非常诚恳地问道："我自幼研习天台法华思想，有一个问题始终不能了解。"

真观禅师非常爽朗答道："天台法华的思想博大精深，圆融无碍，应该问题很多，而你只有一个问题不解，不知是什么问题？"

道文法师问道："法华经说：'情与无情，同圆种智'，这意义就是认为树木花草皆能成佛，请问：花草成佛真有可能吗？"

真观禅师不答反问："三十年来，你挂念花草树木能否成佛，对你有何益处？你应该关心的是你自己如何成佛？你要作如是想才对！"

道文法师先是讶异，然后道："我没有这样想过，那请问我自己如何成佛？"

真观禅师道："你说只有一个问题问我，关于第二个问题就要你自己去解决了。"

禅告诉你答案

花草树木能不能成佛？这不是一个重要问题，因为大地山河，花草树木，一切宇宙万物，都是从我们自性中流出，只要我们成佛，当然一切草木都跟着成佛，不探讨根本，只寻枝末，怎能进入禅道？禅，要我们当下认识自我，不要去攀缘其他。

拈花微笑

这一天，注定是个非凡的日子。

当第一缕阳光撕裂了笼罩在大地的夜幕，当第一声鸟啼划破清晨的寂静，王舍城立刻喧闹起来。因为，伟大的觉者释迦牟尼，今天要在城郊的灵鹫山上宣说神奇的佛法，一大早，城里的民众扶老携幼，车水马龙，涌出城门……

根据古老的传说，灵鹫山绝顶，是神仙居住的地方，长年云雾缭绕，神秘莫测。然而，这一天，弥漫在山峰上的、宛若帷幕一样的白云，徐徐拉开了，那整座山峰，恰似一只展翅欲飞的鹫鹰，雄视着脚下的原野。蓝天一碧如洗，深邃而又辽阔。朝阳放射着金色光芒，照射在山涧里，溪水便流淌出金子一样叮当作响的欢唱；阳光播撒在树丛中，树叶上那无数的露珠，闪烁着梦幻般的光泽。平缓的山坡上，绿草如茵，野花烂漫，仿佛铺上了五彩缤纷的花地毯……

明媚晨光里，佛陀终于带领着他那一千二百五十位弟子出现了。他们从从容容地走过芳草地，来到灵鹫山下。比丘们次序井然地席地而坐，侍者阿难铺好座位，扶着佛陀登上了金刚法座。

佛陀安详地闭目静坐片刻，徐徐睁开他那充满智慧的眼睛，慈蔼的目光缓缓掠过每一个人的眼睛，于是，所有的人都体会到了一种无限温暖的愉悦，人们情不自禁发出一声诚挚的赞叹:"南无(礼敬)释迦牟尼佛——"

这时,大梵天王(娑婆世界之主,相当于中国传说中的玉皇大帝)从灵鹫山顶走了下来,单膝跪地,敬献给释迦牟尼佛一枝罕见的优钵罗花(金莲花)。

佛陀接过那含苞欲放的花朵,嘴角微微泛起一缕神秘的微笑,然后将那美丽的花朵默然展示在公众面前。

看到佛陀以花示众,下面静坐着的上千比丘,数万大众,虽然都感受到了一种美妙绝伦的氛围,但宛若雾里看花,水中望月,朦朦胧胧,缥缥缈缈,美则美矣,妙则妙哉,只是不太明白。一片茫然中,唯有佛的大弟子,大迦叶("叶"读音:sè瑟,即大殿里站在佛像一侧的年长比丘)尊者,从佛陀的拈花微笑里,顿时体会到了宇宙人生最为神圣的真谛。他情不自禁地发出会心的微笑——就在这一瞬间,他与佛陀心心相印、心心相通了——似乎有一种最美妙、最真切、最清晰的真理的溪流,从佛陀的心田汩汩流入了他的心里……

灵光一束透寰宇,拈花微笑露禅机。

心有灵犀一点通。最美妙,最神奇,最不可思议的禅,就这样传递了下来!

那不过是短暂的一瞬间,然而,这个瞬间,却成了美妙的永恒。

释迦牟尼佛用拇指与食指拈着花茎,其余三个指头微微翘起——他的手,就宛若一朵含苞欲放的、美丽纯洁的花蕾!佛陀以这种高雅的姿态展示着那朵金莲花,然后对大迦叶说道:

"吾有正法眼藏,涅槃妙心,实相无相,微妙法门,不立文字,教外别传,付嘱摩诃迦叶。"

这时候,每个人都扭过头来,望着迦叶尊者。只见他的目光一直注视着佛陀手里的莲花,脸上洋溢着梦幻一般的会心的微笑。

那花儿一样清新、一样自然、一样馨香、一样妙不可言的微笑。

在千百万双期待的眼睛注视下,佛陀将那似乎放射金色光芒的莲花,递给了大迦叶。在这一刻,宝石一样的蔚蓝色天空中,白鹤翩翩起舞,小鸟尽情欢唱;辽阔的原野上,一株株芳草更加青翠,一朵朵花蕾纷纷绽放……

释迦牟尼佛将自己身上那件金缕袈裟解了下来,给大迦叶披上。

这件金缕袈裟,是佛陀的姨母、哺育他长大的摩诃波阇波提王妃(即世界上第一个比丘尼——大爱道)亲手编织的,是法王的象征。

佛陀对大迦叶谆谆嘱咐道:“我把禅的秘密玄旨传给了你,你要好好护持,今后将之传授给阿难,并要一代代传下去,千万别使之断绝了!”

心有灵犀一点通。最美妙,最神奇,最不可思议的禅,就这样从佛的心灵之中流淌出来,流进了大迦叶的心田,并且源源不断地传递了下来!

禅告诉你答案

如来拈花,迦叶微笑。其实,我们每一个人都体会过这种心心相印的美妙。禅,就是心灵与心灵的沟通,心灵与自然的契合。青青翠竹,郁郁黄花,都是禅心的显现。只要我们用心灵去贴近,就能感受到妙不可言的禅意。

净化心灵

有一个县太爷,为了教化民心,计划重新修建县城当中两座毗邻的寺庙。公示一经张贴,前来竞标的队伍十分踊跃。经过层层的筛选,最后两组人马中选;一组为工匠,另一组则为和尚。

县太爷说:“各自整修一座庙宇,所需的器材工具,官家全数供应。工程必须在最短的时日内完成,整修成绩要加以评比,最后得胜者将给予重赏。”

此时的工匠团队,迫不及待地请领了大批的工具以及五颜六色的油漆彩笔,经过全体员工不眠不休的整修与粉刷之后,整座庙宇顿时恢复了雕龙画栋、金碧辉煌的面貌。

另一方，却见和尚们只请领了水桶、抹布与肥皂，他们只不过是把原有的庙宇玻璃擦拭明亮而已。

工程结束时，已到了日落时分，正是评比揭晓的关键时刻。这时，天空中所照射下来的落日余晖，恰好把工匠寺庙上的五颜六色辉映在和尚的庙上。

霎时，和尚所整修的庙宇，呈现出柔和而不刺眼、宁静而不嘈杂、含蓄而不外显、自然而不做作的高贵气质来，与工匠所整修的眼花缭乱的颜色，呈现出非常强烈的对比。

事实上，庙是心灵的故乡，是一个净化心灵的场所，太过于华丽铺陈，相反的将失去其真正的功能，就庙的角度而言，和尚与工匠对修庙的境界。其高低就不言而喻了。

禅告诉你答案

心就像是一座寺庙，我们不需要用各种精巧的装饰来美化它，我们需要的只是让其内在原有的自然恬静无瑕地呈现出来。

去除妄念

慧能禅师见弟子整日打坐，便问道："你为什么终日打坐呢？"

"我参禅啊！"

"参禅与打坐完全不是一回事。"

"可是你不是经常教导我们要安住容易迷失的心，清静地观察一切，终日坐禅不可躺卧吗？"

禅师说："终日打坐，这不是禅，而是在折磨自己的身体。"弟子迷茫了。

慧能禅师紧接着说道："禅定，不是整个人像木头、石头一样地死坐着，而是一种身心极度宁静、清明的状态。离开外界一切物相，是禅；内心安宁不散乱，是定。如果执著人间的物象，内心即散乱；如果离开一切物象的诱惑及困扰，心灵就不会散乱了。我们的心灵本来很清净安定，只因为被外界物象迷惑困扰，如同明镜蒙尘，就活得愚昧迷失了。”弟子躬身问：“那么，怎样去除妄念，不被世间迷惑呢？”

慧能说道：“思量人间的善事，心就是天堂；思量人间的邪恶，就化为地狱。心生毒害，人就沦为畜生；心生慈悲，处处就是菩萨；心生智慧，无处不是乐土；心里愚痴，处处都是苦海了。

在普通人看来，清明和痴迷是完全对立的，但真正的人却知道它们都是人的意识，没有太大的差别。人世间万物皆是虚幻，都是一样的。生命的本源也就是生命的终点，结束就是开始。财富、成就、名位和功勋对于生命来说只不过是生命的灰尘与飞烟。心乱只是因为身在尘世，心静只是因为身在禅中，没有中断就没有连续，没有来也就没有去。”

弟子终于醒悟，禅师的话像暮鼓与晨钟唤醒了碎裂在生活碾磨里的人。

禅告诉你答案

我们的心灵本来很清净安定，只因为被外界物象迷惑困扰，如同明镜蒙尘，就活得愚昧迷失了。

凡事带几分禅心

有一天，奕尚禅师从禅定中起来时，刚好传来阵阵悠扬的钟声，禅师特别专注地竖耳聆听。待钟声一停，便召唤侍者，询问道：“早晨司钟的人是谁？”

侍者回答道：“是一个新来参学的沙弥。”

于是奕尚禅师就要侍者将这沙弥叫来，问道：“你今天早晨是用什么样的心情在司钟呢？”

沙弥不知禅师为什么要这么问他，便回答道：“只为打钟而打钟，没有什么特别的心情。”

奕尚禅师道：“我看不是吧？你在打钟时，心里一定念着些什么？因为我今天听到的钟声，非常地高亢响亮。只有真心诚意的人，才会发出这种声音。”

沙弥想了想，然后说道：“报告禅师！其实也没有刻意念着什么。在我尚未出家参学时，家父时常告诫我，打钟的时候应该要想到钟即是佛，必须要虔诚，要敬钟如佛。”

奕尚禅师听了非常满意，再三地提醒道：“往后处理事务时，不可以忘记，都要保有今天早上司钟的禅心。”

这位沙弥从童年起，养成恭谨的习惯，不但司钟，做任何事，他都一直记着家父和奕尚禅师的开示，保持司钟的禅心，他就是后来的森田禅师。

禅告诉你答案

谚云：“有志没志，就看烧火扫地”，“从小一看，到老一半”。森田沙弥虽小，连司钟时都晓得敬钟如佛的禅心。难怪长大之后，成了一位禅匠！可见凡事带几分禅心，何事不成？

看山仍是山

苏东坡与照觉禅师论道时，说及“情与无情，同圆种智”的话后，忽有省悟，因而作“未参禅前”、“参禅时”、“参禅悟道后”三首诗，表明心得。

他未参禅前的境界是：

横看成岭侧成峰，远近高低各不同；

不识庐山真面目，只缘身在此山中。

到了参禅时，他的心得是：

庐山烟雨浙江潮，未到千般恨不消；

厦王归来无一事，庐山烟雨浙江潮。

等到参禅悟道以后，他的心境是：

溪声尽是广长舌，山色无非清净身；

夜来八万四千偈，他日如何举似人？

禅告诉你答案

苏东坡参禅三个层次，正如参禅的三个阶段，有位禅师曾经说过："参禅前，看山是山，看水是水；参禅时，看山不是山，看水不是水；参禅后，看山仍是山，看水仍是水。"

苦乐自知

有些人总是在追逐别人认为好的东西：别人一身名牌，我也不能天天"休闲"；别人染了头发，我也要赶紧改掉黄种人的老形象；别人出入豪华场所，我勒紧裤带也要跟着上；别人买了私车，我砸锅卖铁借高利贷也得补上这个缺憾；别人利欲熏心捞黑钱，我不干几件坏事就冤得慌……难道他觉得穿名牌衣服比穿普通衣服舒畅吗？难道他真的觉得贷款买车很幸福吗？未必。因为别人这样做，所以他也要这样做。

有智慧的人，总是追求自己的快乐，而不是攀比别人。

有一天，一个人来到佛前，问道："梵行圣者，你们居住在简陋的茅屋里，每天仅仅吃一顿饭,为什么还这样快乐?"

佛陀回答:"不悲过去,非贪未来,心系当下,由此安详。"

这就是禅师的境界,非但不攀比别人,连自己的过去未来也一概放下,只"心系当下",岂会不感到快乐呢?

俗话说:人比人,气死人。这样说,人是不能比较的,外来打工仔的生活没得跟本地人比较,广东人比不上香港人,正所谓天外有天,人外有人。

要成功,必然要经历一个艰辛的历程。"天将降大任于斯人也,必将劳其筋骨,饿其体肤。"没有艰苦的历程,也不可能有辉煌的未来。红军没有二万五千里长征,就不可能有中华人民共和国,没有饱受闭关政策的艰难日子,就不能有今日的改革开放。

一个人只要经历过艰苦不平凡的岁月,才能创造出美好的明天,一帆风顺是没有的。怕苦怨苦,永远只能躺在深渊里不见天日。

事实上,世界本身不存在苦乐之分,关键是人怎样对待,有的人善于苦中求乐,也有的人乐极生悲。拥有一切不会造就幸福,对拥有的一切心怀感激却能带来幸福。活着累,一小半源于生存,一大半源于攀比。因为世上只有想不通的人,没有走不通的路。

禅告诉你答案

人生有三苦:一苦是你得不到,所以你痛苦;二苦是得到了,不过如此,所以你觉得痛苦;三苦是你轻易地放弃了,后来却发现,原来它是那么重要。得不到时痛苦,得到了也痛苦,放弃了还是痛苦。何不以一种平常心的心态看待得失,人生可以完全不苦。

人生如同一杯茶

一休是出身于日本皇室的著名禅僧，他老年时，有一天，一个屡屡失意的年轻人慕名而来，十分沮丧地对一休说："大师！像我这样的人，活着有什么用呢？"

一休禅师听后，默不作答，只是吩咐小和尚："施主远道而来，烧一壶温水送过来。"

不一会儿，小和尚送来了一壶温水。一休禅师用温水沏了一杯茶，放在年轻人面前说："施主，请用茶。"

年轻人呷了两口，摇摇头说："这是什么茶？一点儿茶香也没有呀！"

"这是著名的铁观音，怎么会没有茶香呢？"一休禅师笑着说。他又吩咐小和尚："再去烧一壶沸水送过来。"

沸水送来后，一休禅师站起身，又取了一个杯子，撮了一把茶叶放进去，提起水壶，稍稍往杯子里注了一点沸水。年轻人好奇地俯首去看，只见那些茶叶在杯子里上下沉浮，一丝清香袅袅溢出来，让人产生一饮而快之感。这时，一休禅师又提起水壶，往杯子里注了一点沸水。那杯子里的茶叶沉浮得更热闹了，同时，一缕更醉人的茶香在禅房里轻轻弥漫。

一休禅师不紧不慢地，反复注了五次水，于是，满屋溢满了茶水的香味。

然后，一休禅师请喝茶。年轻人喝了一口，只觉沁人心脾，齿颊生香。

一休禅师笑着问："两杯茶同样用铁观音冲泡，施主知道为什么茶味迥异吗？"

年轻人说："因为一杯用温水冲沏，一杯用沸水冲沏。"

禅师笑笑说："温水沏茶，茶叶浮于水之上，没有沉浮，怎么会散发茶香呢？而用沸水沏茶，每冲沏一次，茶叶都会在沉浮中释放茶味，一杯茶就变得清香甘洌了！"

年轻人恍然大悟。

禅告诉你答案

人生如同一杯茶，人的品质，决定了茶叶的档次。品质好还不够，冲泡功夫也很重要。有的人，只想成功，不想吃苦，这就像用冷水泡茶，只能尝到寡淡的生活味道。有的人只肯付出寻常的努力，以七十分为满足，稍感困难、稍遇挫折就想放手，这是用温水泡茶，味道难免不足，若有憾焉！如果你肯付出超常的努力，事事追求一百分，经得起反复冲泡，你就能尝到清香甘冽的味道了！

努力让别人快乐

一位哲人曾经说过："生活像镜子，你对着它哭，它就哭；你对着它笑，它就笑。人生在世，犹如匆匆过客，难得是那份自在和悠闲，难得是那份可心和舒坦。把生活看透、看穿些，把日子看平、看淡些，你就会变得心平气和，随遇而安。"

当今我们的工作生活都是紧张繁忙的。人与人的交流就更少了，人与人之间的关心和帮助就显得非常必要。我们要明白："送人鲜花，手有余香，你努力使别人快乐，也能使你自己快乐。因为当你帮助别人时，就很少想到自己，能使自己的心灵净化，使自己得到更大的精神满足，而且帮助别人，不仅使别人解决困难，减少烦恼，还可以结交更多的知心朋友，得到更大的快乐。"所以，你对别人好的时候，也就是对自己最好的时候。

一位十六岁的少年去拜访一位年长的禅师。

他问：我如何才能变成一个一生自己快乐、也能够给别人快乐的人呢？

禅师说：这很简单，我送给你四句话。第一句话是，把自己当成别人。你能说说这句话的含义吗?

少年回答说:是不是说,在我感到痛苦忧伤的时候,就把自己当成是别人,这样痛苦就自然减轻了;当我欣喜若狂之时,把自己当成别人,那些狂喜也会变得平和中正一些?

禅师微微点头,接着说:第二句话,把别人当成自己。

少年沉思一会儿,说:这样就可以真正同情别人的不幸,理解别人的需求,并且在别人需要的时候给予恰当的帮助?

禅师两眼发光,继续说道:第三句话,把别人当成别人。

少年说:这句话的意思是不是说,要充分地尊重每个人的独立性,在任何情形下都不可侵犯他人的核心领地?

禅师哈哈大笑:很好,很好。第四句话是,把自己当成自己。这句话理解起来太难了,留着你以后慢慢品味吧。

少年说:这句话的含义,我是一时体会不出。但这四句话之间就有许多自相矛盾之处,我用什么才能把它们统一起来呢?

禅师说:很简单,用一生的时间和经历。

后来少年变成了壮年人,又变成了老人。再后来在他离开这个世界很久以后,人们都还时时提到他的名字。人们都说他是一位禅师,因为他是一个快乐的人,而且也给每一个见到过他的人带来了快乐。

禅告诉你答案

每个人都想快乐地度过一生,然而这却是非常不容易的一件事情。其实,只要能够做到不以物喜,不以己悲,会控制自己的情绪,站在别人的立场上去考虑问题,乐于助人;尊重每一个人;善待自己。那么,就可以一生快乐。

失恋了还有爱

一个非常有名的禅师，晚饭后去郊外散步，遇见一个放声大哭的年轻人。

禅师问年轻人："你为何如此伤心？"

小伙子答道："我失恋了。"

禅师闻听连连抚掌大笑道："糊涂呀糊涂。"

失恋者停住哭泣，气愤地质问："我都失恋了，你为什么还如此取笑我？"

禅师摇头道："不是我取笑你，而是你自己在取笑自己啊。"

见失恋者不解，禅师接着说："你如此伤心，可见你心中还是有爱的；既然你心中有爱，那对方就必定无爱，不然你们又何必分手？而爱在你这边，你并没有失去爱，只不过失去一个不爱你的人，这又有何伤心呢？我看你还是回家去睡觉吧。该哭的应是那个人，她不仅失去了你，还失去了心中的爱，多可悲啊！"

失恋者听罢破涕为笑，恨自己对这浅显的道理怎么都没看透，于是向禅师鞠了一个躬，转身离去。

禅告诉你答案

在爱情的道路上，每个人都不可能一帆风顺，有时就会遭遇失恋。失恋了，不应该过于悲伤，因为，失恋只不过是失去一个人而已，只要心中有爱，就没有失去爱。

行自然，乐自然

《筠州黄檗山断际禅师传心法要》中说："此道天真，本无名字。只为世人不识，迷在情中，所以诸佛出来，说破此事。恐汝诸人不了，权立道名，不可守名而生解。故云：得鱼忘筌。身心自然，达道识心。”

断际禅师认为：佛道出于天真，本来没有名字。因为世人不理解它，为欲望所迷，所以诸佛出来，说破这件事。又担心世人听不懂，就暂且设立一些概念，以增进理解。所以，不要执著于这些概念，要追寻概念背后的真道。这就是所谓的得到鱼而忘了捕鱼的工具。只要让身心回归自然，就能通达佛道佛心。

禅告诉你答案

何谓“天真”？意思是说，佛性原本是自身拥有的，不是别人送给你的，不是你从别处找来的，也不是佛祖、菩萨们传授给你的。由于大家的佛性都被欲望尘封，就连自己都不知道它的存在，所以佛祖、菩萨们才给你指出来，免得你身在宝山不识宝。只要让身心回归自然，佛性自然会亮得发光。

一切随缘任他去

唐代高僧保福禅师预感到自己将要辞世，就对弟子们交代道：“近来我气力不继，我的世缘时限大概快要到了。”

弟子们听后，心中不舍，纷纷发表意见。有的人安慰说：“师父的法体仍很健康，离了断世缘还早得很呢！”

有的人恋恋不舍地说：“弟子们仍需师父指导，师父怎么能抛弃我们呢？”

有的人鼓励说：“师父要常住世间为众生说法，不能这么快就离开啊！”

独有一位弟子问：“时限到时，师父是去好呢？还是留住好？”

保福禅师以安详、亲切的语气反问：“你说怎样才好呢？”

弟子答道："生也好，死也好，一切随缘任它去好了。"

保福禅师哈哈一笑，说道："我心里要讲的话，不知什么时候被你偷听去了。"

说完，就圆寂了。

禅告诉你答案

死，是每个人必走的一条路。有的人觉得死是自然痛苦，有的人觉得死是灾难，有的人觉得死是自然，有的人觉得死是解脱……同样是死，它带给每个人的感受是不一样的。保福禅师洒洒脱脱、了无滞挂地死，不愧高僧境界。对死亡持何种态度比较好呢？不妨把人生看成乘车，没到站，强行跳车肯定不好；到了站，赖在车上不下来，也不太好。乘车时不要想下车的事，到了站就轻轻松松地走下去，这样比较自然。

无愿无求

两千五百年前，古印度恒河流域苍茫的原野上，行进着一位伟大的觉者——释迦牟尼。他轻轻吟唱着他所发现的宇宙真理：

"诸法因缘生，缘谢法还灭。"

是啊，世界上所有的事物的发生、存在与消失，都是有其原因与条件的，都是从因缘而生，也从因缘而灭。婆罗门教（印度教的前身）最为聪明的学者舍利弗，第一次听到佛陀的弟子——马胜（亦名：阿说示。释迦牟尼最初的五个徒弟之一，也是佛教僧团最早的比丘）吟诵这首偈子，马上领悟了其中朴素而又深奥的真谛——缘起性空。于是，他立刻拉上自己最好的朋友——大目健连，连同二人的数百名弟子，一块拜在了佛陀门下。仅仅七天，舍利弗便证得阿罗汉。在佛陀成千上万的弟子中，他以智慧名列第一。

有一天，舍利弗在城里托钵（乞食）的时候，与一位很有声望的婆罗门相遇了。婆罗门说："舍利弗，你看你现在，光头赤足，只能讨要一些残渣剩饭，太对不起自己的身体了。"

舍利弗问他："人的身体从何而来？"

"当然是无所不能的大梵天（婆罗门教的主神，相当于上帝）创造的。"

"可是，大梵天又是谁创造的呢？"舍利弗一脸的微笑，轻轻问道。

婆罗门无言以对，匆匆走了。舍利弗吟诵道："诸法因缘生，缘谢法还灭。"

一次，世尊对舍利弗说："我观察你的脸色，平静如水，你平时入的一定是无愿无求的无相三昧（一种禅定状态）吧？"

舍利弗点点头，向师父汇报着自己修行的体验：

"无相三昧，也就是空三昧。我的心入此三昧，所以极为平静。世尊，大地宽厚，不管什么东西都能容纳。甚至连屎尿、痰液等一切污垢，它都一概接受，从不拒绝。我的心就像大地。正因为大地宏忍、厚重，所以，它能尽现一切物质的所长，充分发挥其功用，从而生长出一个丰富多彩的绚丽世界。

世尊，恒河之水能将任何东西冲刷、清洗干净，它能将玉石磨砺得晶莹圆润而不贪，它融化脓血、净化腐朽而不憎。我的心犹如此水，不起爱憎之念。"

佛陀赞叹道："如是，如是，我便是以空三昧而开悟，从而得道成正觉。"

舍利弗与佛陀心心相印。

有一天，舍利弗听完佛陀的开示，身心一直被那深刻而又平凡的哲理陶醉着，脸上洋溢着儿童才有的纯真的微笑。回来的路上，一位外道（修习其他宗教的人）问他："舍利弗，你得到了什么宝贝，这样高兴？"

舍利弗说："我刚刚听了世尊说法。佛法美妙而又神奇，真是无价之宝啊！"

外道无不嘲弄地说道："你偌大年纪了，还在吮吸师父的乳汁啊？难怪像孩子一样笑呢！"

舍利弗一笑："你所接受的教义，是邪恶的，犹如变了质的坏牛奶一样，所以你一喝够了，就知足了，不想再喝了。而我所听闻的佛法，深邃无限，奥妙无限，回味无穷，越品越有滋味。所以，佛法就像营养丰富、口感淳厚的好牛奶，喝多少都是新鲜的，甜美的，有益的，越喝越想喝。"

禅告诉你答案

舍利弗是佛陀十大弟子之首，以智慧著称。他最大的智慧，不是说出"好牛奶、坏牛奶"之类的譬喻，而在于他的"终身学习"精神：在遇到佛陀之前，他已经是印度全国最著名的婆罗门学者了，并且拥有了上百名弟子。然而，当他听闻到佛法真理之后，马上投到了佛的座下，追随一生。知识，犹如好的牛奶，终生不要断。

处酷暑如沐清风

浙江天台山，是佛教天台宗的祖山。那年，一个自称"丰干"的禅师来到天台宗圣地——国清寺，住在了藏经楼后面的小院。他出入寺院，总是骑着一头咆哮如雷、迅疾若风的大老虎。因此，国清寺的僧人敬而远之，谁也不敢与他亲近。然而，莫道虎威风，自有伏虎人。丰干禅师的猛虎坐骑，见了寒山与拾得，比小猫还乖。拾得是丰干禅师从路边拾的弃婴，而寒山，不知他来自哪里，连姓名也无人知晓，仅仅是因为他住在天台山最高峰的寒岩上，人们就称他为"寒山"。

登陟寒山道，寒山路不穷。

溪长石磊磊，涧阔草蒙蒙。

苔滑非关雨，松鸣不假风。

谁能超世累，共坐白云中。

物以类聚，人以群分。不知是因为丰干疯癫，寒山、拾得才拜他为师，还是青出于蓝而胜于蓝，反正，自从有了这三个宝贝，国清寺就没有一天清静。

寒山一身非僧非道的褴衣衫，时常对着空中叫喊："好快活、好快活！"僧人们嫌他麻烦，就用禅杖打他，他却拍掌大笑。

一日，他和拾得一同问丰干禅师："古镜不磨，如何照烛？"

他的意思是说，未曾修行时，佛性如何作用？丰干禅师回答："冰壶无映象，猿猴探水月。"寒山说："此是不照烛也，请师父重新说一说。"

丰干一笑："万德不将来，叫我说什么？"

古镜光洁，照天照地。寒山、拾得豁然大悟。

寒山看到一群僧人将茄子串起来烧着吃，就用茄子串向一位僧人的脊背打了一下。那僧自然回头，寒山呈上茄子，也呈上了大好禅机："这是什么？"

那僧不识机锋，以为寒山在恶作剧，骂道："你这个疯子！"

寒山无可奈何地向旁边的僧人说："你看这家伙浪费了我多少盐醋。"

是啊，他以茄子示现禅要，那僧懵懂，岂不是辜负了寒山一片心血。所幸，有伶俐的汉子找上门来了——名满天下的赵州从谂禅师行脚来到天台山，见到寒山、拾得之后说道："久闻寒山、拾得大名，到来只见两头水牯牛。"

寒山、拾得听了，果然拉开斗牛的架势，嘴里还发出吆喝水牛的声音。第二天，寒山与拾得问赵州来干什么？赵州说来礼拜五百尊者（罗汉）。二人说，五百水牛尊者。赵州追问："本来是罗汉圣僧，为什么做五百头水牛？"

寒山大口叫："苍天，苍天！"

禅告诉你答案

禅者有一句名言：我不入地狱谁入地狱。禅师这样做，并不是我们理解的勇敢、悲壮、高尚、自我牺牲。他们是觉悟者。解脱者，在地狱不觉其苦，处酷暑若沐清风。所以，为了破除人们对神圣的迷信，禅者往往以水牛自喻。从禅理上说，众生即佛，故而，神圣的罗汉与畜生的水牛，并无本质差别。

探寻人生之路

归静禅师是一位丹青妙手，他笔下的山川草木、花鸟鱼虫无不活灵活现、栩栩如生。有一次，归静禅师去参加几位文友的雅集，其中一位风流秀才携妓前来。席间，数位江南名妓操琴鼓板，且歌且舞，其歌缠绵，其舞曼妙，风韵万千，风情万种。众人皆醺醺然欲醉欲仙，唯有归静禅师默默静坐，不为所动。于是，风流秀才出了一个馊主意，请归静禅师用升华的妙笔，将歌妓们妙不可言的舞姿描绘下来。归静禅师断然拒绝，说："出家之人，隔墙听到妇女的钗簪之声，都是犯戒，何况当面为舞女作画呢！"

秀才嬉皮笑脸说："可是，你不但看了她们的舞蹈，还听了她的歌声，也已经破戒了，索性就再破一次吧！"

归静禅师说："你们的孔夫子说过：视而不见，听而不闻，心不在焉。"

"你是不是心不在焉，有谁知道呢？"

秀才强词夺理，众人跟着起哄，非要归静禅师当众挥毫不可。归静禅师说是准备笔墨，退到朋友的书房，砰地关闭了房门，再也不肯出来。秀才让一位妓女坐在书房门口，半真半假说："等那和尚出来，你就一把抱住他，看他如何！"

文友们继续把盏畅饮——没了碍眼的和尚,大家愈发放肆,其乐陶陶……

不知过了多久,总不见归静禅师出来,而且,书房里连一丁点动静都没有。秀才捅开窗户纸往里一看,顿时吓傻了——

房梁上吊着一个人,一个光头的人!

——自然是归静禅师!

天哪,归静禅师竟然上吊啦!他长长的舌头也已吐了出来,肯定一命呜呼了。

众人急忙撞开房门,一拥而入,不由得再次惊呆了——哪里有什么人上吊呢,那不过是墙上的画像!归静禅师惟妙惟肖的杰作!

归静禅师呢?他趁着混乱,早已溜之大吉了。

归静禅师的大名被皇帝老子知道了,一纸诏书将他请到了京城,住进了皇家的御花园。皇帝说:"听说你的绘画很神奇,你能用一幅画描绘出人生之路吗?"

人生之路,岂能用图画描绘?然而,归静禅师却点了点头,说,试试吧。

一天、两天过去了,归静禅师待在画室,毫无动静。十天、半月过去了,归静禅师说仍未画好。而且,他的画室整天门窗紧闭,不允许任何人进入。

莫非,其中隐藏着什么奥妙?

半年时光悠然而逝,初春的萌芽已经变成了飘飘黄叶。皇帝再次召见归静禅师,急切地说:"我对你的那幅画越来越感兴趣了,不知你何时能画好?"

归静禅师微微一笑,说:"我的画已经准备好了,但是,不知欣赏画的人准备好了没有?"

皇帝急不可耐地跟着归静禅师来到画室。归静禅师说:"不用进屋,站在大门口,在远处欣赏就可以了。"

说着,他推开门。于是,画室之内,整整一面墙的壁画扑面而来。

画面上,山峰耸立,沟壑纵横,溪流洄转,林木葱茏。画面正中是一座房子,房子向外开了一扇门,门外,一条小路蜿蜒在林木丛中。它弯弯曲曲,曲曲弯弯,忽左忽右,忽上忽下,时宽时窄,时隐时现,隐没在一抹远山里,不知它通向哪里,更不知它终于何方……

皇帝指着小路问道:"那是一条什么路?"

归静禅师说:"这就是生活之路,人生之路。"

皇帝又问:"它通向何处?"

归静禅师说:"我去看看。"

归静禅师竟然真的走进了画中,通过那扇门,踏上小路,走向遥远,渐渐消失在一痕远山的青黛之中……

皇帝等了很长时间,归静禅师却一直没有回来。他好奇地走进画室,走到壁画前面。于是,他惊讶地发现,那扇门,居然是真的!真的是在墙上开出了一扇门!门外蜿蜒的小路,就是园林中的曲折的花径!小路通向的远方群山,自然是园林外面真实的山山水水……

禅告诉你答案

人生之路,生活之路,是任何图画所无法描绘的。它究竟是一条什么样的道路?你要自己去探索。而且,这是一条不归路,它最终通向何方?都是你自己一步步走出来的。

等到拾得来,自然能拾得

高高山上有座庙,庙里有个老和尚讲故事。老和尚说:"从前有位禅师,说了两句偈子:'绵绵雨天两人行,天雨不淋一个人。'你们能说出其中的道理吗?"

一个弟子说:"其中一人穿着蓑衣,另一个人没穿。"

第二个弟子说:"因为一人走在庭院里,一人行在廊檐下。"

还有一个弟子说:"东边日头西边雨,一人干来一人淋。"

你议我论，你争我吵，几乎所有的人都能列举出一个充分的理由，但结果一样：一个人淋成落汤鸡，另一个人滴雨也未沾。

老和尚大笑，笑够了，弹得那一个个光头“叭叭”响：“你们这些秃瓢里面装的都是糨糊吗？所有人都执著于‘不淋一个人’的表面文字，如同被葛藤缠住，当然无法发现真理。其实，‘不淋一个人’，不就是说两个人都淋湿了吗？”

弟子们恍然：“噢——”

“噢你个头！”师父不是用手指，而是用禅杖敲打那一个个锃亮的脑瓜。

“哦！我明白了！”有弟子体会到了禅宗之所以不立文字的奥妙。

“哇，真有一个不挨淋的！”有人豁然感悟到了自性——我们内心的主人公，无论何时也不动不摇，不干不湿啊！

1689 年，康熙皇帝第二次下江南。他首先来到常州天宁禅寺，与方丈拾得禅师一番妙趣横生问答，使得这位颇通禅理的帝王恍兮惚兮：此大清朝的拾得，与彼唐代拾得，是一是二？若是一，如何生在两个朝代，且相隔近千年？若是二，何以智慧禅机一以贯之，没有区别？

他又来到镇江，参观法海大师所创建的金山寺。登上望江塔，长江如带，尽收眼底。江中波涛滚滚，百舸争流。他指着江面，问金山寺住持香磐禅师：“这条江上有多少条船？”

此话看似问得无理，其实暗藏禅机。

只见香磐禅师不慌不忙伸出两根指头：“不多不少，有两条船。”

康熙追问：“一眼望去，江船何止百条、千条！怎么能说只有两条？”

“一条为名来，一条因利去。”香磐禅师说。

康熙龙颜大悦，御笔为金山寺题名“江天寺”。从此，金山寺更名为江天寺。

下了望江塔，穿过一片桂花林 康熙有意说道：“这桂花能拾得吗？”

香磐禅师答：“等到拾得来，自然能拾得。”

禅告诉你答案

领悟,是每一个人都曾经体验过的事情,然而,由于束缚我们思维的"葛藤"太多,我们的"悟"往往局限于肤浅的脑筋急转弯,又常常得意于一悟了之,所以无法契入人生的真谛。

我舍一,物我一体

在唐宋文学大家中,禅悟最深的,当数王维;而与禅僧交往最多的、在禅门中影响最大的,首推苏东坡。禅宗著作《五灯会元》与《指月录》中,记载了大量与他有关的禅机公案。他曾经自夸:"吴越名僧与余善者十九"。他开悟于临济宗黄龙派高僧东林常总禅师的引导,是宗门的得法弟子;而他与云门宗奇僧佛印禅师的半生友谊,感人至深。二人相互斗智的机锋,灵光迸发,慧力透天,传为千古美谈(参阅禅机智慧丛书之《禅天禅地》)。

一次,苏东坡要到金山寺(今镇江江天寺)拜会佛印禅师,先派书童送去一封信,大意是:禅客之间应该潇洒淡然,不用讲究世间庸俗的礼节,所以,你佛印禅师尽管在禅床上等待我的到来好了。

东坡信里涉及了一则禅宗公案:当年,有古佛之称的从谂禅师住持在赵州(今河北赵县)观音院,燕、赵二王前来拜访时,他非但没有出门迎接,反而躺在禅床与之相见。燕王手下的一位先锋听说之后,凌晨闯进观音院,前来兴师问罪。赵州禅师听说以后,马上走出方丈,毕恭毕敬地迎接先锋使的大驾光临,客客气气请他吃茶用斋。后来,赵王多次来访,赵州总是在禅床上接驾,而每当一些小官来临,赵州总要客客气气接待。他的侍者文远问道:"老和尚,你每次见大王来,从不下禅床;为什么见了那些芝麻官,反而都要恭恭敬敬欢迎呢?"

赵州道:“我见客有三种区别:上等人来,我就在禅床上接待;中等人来,我下床到客厅迎接;下等人来,我必须到山门之外隆重恭候他的大驾。”

文远灵光一闪,说:“我明白师父的待客之道了:第一等人,您是以本来面目实实在在的接引他;第二等人,您是用礼貌迎接他;第三等人,您是以世俗的应酬对待他。”

苏东坡的意思是说,自己也是会禅的一等高手,所以请佛印以本来面目接待他。然而,当苏东坡乘船渡过滚滚长江,来到金山寺时,佛印像一尊笑弥勒一样,在山门前等待他的到来。东坡很是不高兴,出言讽刺佛印禅的境界不高,不如当年的老赵州潇洒自在。佛印当下吟诵一偈:

赵州当年少谦光,不出山门见赵王。

争似金山无量相,大千世界一禅床。

以禅的眼光看世界,彼此没有分别。行住坐卧,穿衣吃饭,拉屎撒尿,无不是禅;只要你禅心灵明,大千世界都是禅床,时时刻刻都在禅的境界中。

苏东坡马上领悟到,禅是水灵灵、活泼泼的,自己刻意强调禅床与山门的区别,不啻胶柱鼓瑟,失却了禅的生命活力。

有一天,苏东坡与“苏门四学士”之一的秦少游,在一家小饭馆里边喝酒边谈禅论诗文。二人皆是当代著名的大才子,也就难免相互不服气,总是暗中较劲,都想压过对方一头。这时,一位身披破棉袄的叫花子在饭馆门前经过,他的头上、破棉絮里爬满了虱子。苏东坡说:“这个人真脏,起码几年没洗澡了,身上的污垢里都生出虱子了!”

秦少游故意与他抬杠:“不对,不对!虱子是从破棉絮里生出来的!”

二人各执己见,互不相让,争执不下,便约定第二天去找聪慧博学的佛印禅师作个评判,看看虱子究竟是如何生出来的。他们为此赌了一桌酒席,谁输谁请客。东坡狡黠,私下里先跑到佛印禅师那里,请他帮忙,断定自己是正确的。佛印一口答应了。秦少游也不傻,也悄悄来拜托佛印。佛印照样点点头。

第二天,两个人都以为自己稳操胜券,底气十足地来请佛印评判。佛印说:

“苏居士你是对的，虱子的头是从污垢里生出来的。秦居士你也没有错，因为虱子的身子从棉絮里长出来的。”

佛印看到两个人都迷惑不解地望着自己，开口诵道：

一树春风有两般，南枝向暖北枝寒。

现前一段西来意，一片西飞一片东。

苏东坡与秦少游从中感受到了春风拂面一般的禅意：同一棵树上，虽然接受同样的阳光、雨露、空气，但枝丫、树叶、花朵、果实每一样东西都呈现出不同的生机，甚至，没有两片绝对相同的树叶；然而，奇妙的是，它们却又能相互无碍、彼此和谐地共存在同一棵树上。它们都是禅的精神体现，都在像达摩祖师一样演示禅的真谛。

禅告诉你答案

物我舍一，物我一体，大千世界就是心内的世界，内外没有分别。因为，一切差别，都是由人以自己的价值观假设的，并非诸法的实相，所以，将矛盾与对立完全调和起来，世界就能做到自然与和谐。如同一株大树，看似千差万别，实际却是完美的。

禅的妙用

一位禅师的寺院就在县城里边，四周都是民房。平日里，鸡犬之声相闻，佛号木鱼呼应，你送一把青菜，我讲一段禅经，其乐融融。

一天，新任县太爷来访。禅师亲自陪同他礼佛，参观。县老爷是新科进士，饱读孔孟，一肚子之乎者也，当然对虚无缥缈、无从把握的禅不感兴趣。言谈话语中，县太爷颇具挑战意味地说：“孔孟之道，可以治国平天下。请问，你们终日参究的禅,有什么用处呢?”

禅师微微一笑说:“禅可以纯洁、滋润人的心灵,使人们的生活充满了慈悲与智慧。”

这时,寺院附近的人家传来一阵激烈的争吵声。不用问也知道,一对夫妻在吵架。俗话说,清官难断家务事。县官灵机一动,对禅师说:“禅师,你们佛门中人慈悲为怀,你何不去用禅的智慧去化解这对夫妻的矛盾呢?”

说完,县官得意地盯着禅师,准备欣赏他进退维谷的窘态。谁知,禅师不慌不忙,胸有成竹地携起县官的手说:“走吧,我们一同去看看。”

他们来到街上,走到传出吵闹声的那家大门口,里边激战正酣:

“人家哪个丈夫像你这样没出息?你也不撒泡尿照照,看你还像个男人吗?”

“你再骂,你再骂我就揍你!”

禅师站立在那家的大门口,对来往的行人说:“大家快来看哪!平时你们看斗牛、斗鸡,要买门票,连参观斗蛐蛐,都会收钱。现在,这里面正在斗人呢,白看,不要钱。”

丈夫听到和尚的吆喝,不愿意再当众出丑,低声威胁妻子:“不许再闹了,省得丢人现眼!你若再吵闹,看我不弄死你!”

禅师高声叫喊:“呀,越来越精彩了,现在要表演杀人啦!这可是千载难逢、难得一见啊!”

外边的路人说:“和尚,你在这里乱叫唤什么?人家夫妻吵架,与你一个出家人有什么关系?”

“嘻嘻,”禅师笑着说:“怎么会与我无关呢?你没听见里面说要杀人吗?只要死了人,就会请和尚念经,作法事超度亡灵。和尚我就有银子赚了!”

县官一摔袖子,气愤地说:“岂有此理,你为了银子,竟然希望人家死人!”

大门里面的妻子也怪嫌地说道:“师父,咱们是邻居,俺们夫妻生气拌嘴,你不劝解也就算了,怎么反而来看热闹、说风凉话呢?”

禅师说："我怎么是来看热闹的呢？我有正事要办呀。你想，咱们是多年的老邻居，平时都是你们供养我。而我一无所长，只会念经作法事。所以，不管是你被丈夫打死，还是你丈夫被你气得上了吊，和尚我都要来做一场超度呀。请问，你俩谁先预定啊？"

妻子扑哧一声乐了："师父，超度亡灵，有自己预定的吗？"

丈夫也说："谁说我要打死她啦？我舍得吗？是你听错了吧？"

禅师转向县官："你看，人家夫妻好着呢，怎么会打架呢？是你听错了吧？"

禅告诉你答案

禅的妙用，无处不在，无所不能。只要你用一颗灵动的禅心，生命中的烦恼、生活里的困顿，都会随风而逝。

不与人比

学僧道岫眼看同参不少人对禅都能有所体会，想想自己既不幽默，又无灵巧，始终不能入门，实在没有资格学禅，便决定做个行脚的苦行僧。临走时道岫到法堂去向广圄禅师辞行。

道岫禀告禅师说："老师，学僧在您座下参学已有十年之久，对禅仍是一点消息没有，实在辜负您的慈悲。看来我不是学禅的根器，今天向您老辞行，我将云游他乡。"

广圄禅师非常惊讶，问道："为什么没有觉悟就要走呢？难道去别的地方就可以觉悟吗？"

道岫诚恳地说："同参的道友一个个都已回归根源，而我每天除了吃饭、睡觉之外，都精进于道业上的修持，但就是因缘不合。现在，在我的内心深处已生出一股倦怠感,我想我还是做个行脚的苦行僧吧!”

广圄禅师听后开示道:“悟,是一种内在本性的流露,根本无法形容,也无法传达给别人,更是学不来也急不得的。别人是别人的境界,你修你的禅道,这是两回事,为什么要混为一谈呢?”

道岫道:“老师,您不知道,我跟同参们一比,立刻就有大鹏鸟与小麻雀的惭愧感。”

广圄禅师饶有兴趣地问:“怎么样的大?怎么样的小?”

道岫答道:“大鹏鸟一展翅能飞越几百里,而我只囿于草地上的方圆几丈而已。”

广圄禅师意味深长地问道:“大鹏鸟一展翅能飞几百里,那它飞越生死了吗?”

道岫禅僧听后默默不语,若有所悟。

禅告诉你答案

俗话说“人比人,气死人”。与其和别人比较,不如反观自照,做真实的自己。

何处惹尘埃

唐朝时,偏远的广东南海有个贫穷的年轻人,以砍柴为生。有一天当他去一个富人家卖柴的时候,听到主人在诵读《金刚经》:“应无所住而生其心……”一听之下,这个年轻人似有所悟,就问主人从哪里能得到进一步开示。

“在湖北黄梅,禅宗的第五代祖师弘忍正在讲解佛法。他对《金刚经》的理解是最深刻的,你去他那里学习吧!”这位富人资助了他一些银两,这位年轻人就上路了。

来到黄梅，弘忍问道："你来做什么？"

"我来求得到无上智能。"

"看你来自偏远的不毛之地，又没有文化，你能懂什么叫智能？"弘忍不客气地拒绝了他。

但慧能不为所动："人有南北之分，但是人本有的智能难道也有南北之分吗？"

弘忍意识到这是个不同寻常的年轻人，但他没有表现出对他的偏爱："哦，那你就到后院去干点杂活吧。"

慧能在后院为寺庙劳作多年，一直没有机会去前院听老师讲课，不过他对内心疑惑的参究却片刻没有停止。有一天他忽然有所领悟，于是请一位施主帮忙："我也有一个偈子，能不能麻烦您帮我写一下？"

施主说："别开玩笑了，你连字都不认识，还写什么偈颂呀？"

慧能认真地说："最高深的道理，是跟文字没有关系的。"

施主一听有道理，便答应了慧能的请求，在墙壁上写下慧能的四句偈子：

菩提本无树，明镜亦非台。本来无一物，何处惹尘埃。

弘忍见到慧能的偈诵，意识到这个来自偏远山区的年轻人，就是自己最优秀的接班人。于是慧能成为禅宗第六代祖师。

禅告诉你答案

智慧在于心灵的透悟。它跟知识有关，但并不等于知识。所以，有知识的人不一定是有智慧的人，有智慧的人也不一定是有知识的人。

内心真实的声音

王居士是个非常虔诚的信士，只要有空就往禅寺跑，或者帮园头师种菜浇水，或者帮典座师劈柴煮饭，总是忙个不停。如果碰到无名禅师对信徒说法，他便会聚精会神地用心听讲。

有一次，王居士在禅堂外望着学僧眼观鼻、鼻观心的坐禅姿态，不禁长长地叹了一口气。

这叹息刚巧被从一旁经过的无名禅师听到，禅师问道："你为什么叹气呢？"

王居士又深深叹了一口气。

无名禅师不解，问道："平常你虔诚为寺里帮忙，听佛法也非常用心，可以说身、口、意都在法海里泛游，为什么要叹气呢？"

王居士答道："不瞒禅师，我的烦恼是因为我听不懂佛法。禅师您对学僧们开示的佛法，如'祖师西来意？'、'狗子有佛性否？'、'即心即佛'、'如何是宗门中事？'、'如何是佛？'、'如何是本来面目？'、'道在何处？'，等等，我都听不懂，就好像雾里看花，不知所云。禅师，为什么我这么用心听讲，还是听不懂呢？"

无名禅师道："以前德山禅师见学僧入门便棒，临济禅师见学僧入门便喝，雪峰禅师见学僧入门便道是什么，睦州禅师见学僧入门便道现成公案放汝三十棒。历代祖师大德有的尽其一生参究一个公案尚不能开悟，可见学禅必须要用心去参，而不是只听就可以的。"

王居士仍不解地问道："如何去参呢？"

无名禅师道："就先参这个'听不懂！'"

不管懂还是不懂，都应该是自己内心最真实的声音。参禅悟禅，就是要从心入手，用心去参悟，众人皆可达禅境。

有一次，一位学僧问惟宽禅师："狗有佛性吗？"

惟宽禅师答道："狗是有佛性的。"

“马有佛性吗?”

“马是有佛性的。”

“为什么这些动物都有佛性呢?”

“因为它们都是众生,众生均有佛性。”

“既然这样,那么你有佛性吗?”

“我没有佛性。”

“那为什么一切众生皆有佛性,而你没有?”

“因为我不是你所说的众生。”

“你不是众生,是佛吗?”

“我不是佛。”

“那你究竟是什么?”

“我不是一个‘什么’!”

“佛性到底是什么?是我们能看到,或是能想到,或是能感觉到的吗?”

“什么也不能,只能悟到。”

惟宽禅师反过来问学僧:“荒田没有水,瘠土没有肥,能耕吗?”

学僧答道:“不能。”

“往荒田里注水,往瘠土上施肥,就一定能种出粮食吗?”

“恐怕不能吧!”

“香里有没有佛?油里有没有佛?”

“没有。”

“买香油,买油烧能烧出佛吗?”

“当然不能!佛到底是什么?”

惟宽禅师最后说:“真正的佛,是一种澄静的智慧,一种明亮的作为,不是烧香叩头就能得到的。事事妙圆,处处空寂,无争执,无欲望,一切都可以放下或者牺牲,这就是真佛!自我就是佛,佛就是自我。”

禅告诉你答案

众人皆有禅性，众人皆可达禅境，关键在于你是否能够具有一定的悟性，见心明性，到达真正的自我。

荣的好，枯的好

药山禅师有两个弟子，一个叫云严，另一个叫道吾。有一天，师徒几个到山上参禅，药山看到山上有一棵树长得很茂盛，旁边的一棵树却枯死了，于是药山禅师问道："荣的好呢？还是枯的好？"

道吾说："荣的好！"云严却回答说："枯的好！"

正在这个时候，来了一个小和尚，药山就问他："你说是荣的好，还是枯的好？"

小和尚说："荣的任它荣，枯的任它枯。"

禅师说："荣自有荣的道理，枯也有枯的理由。我们平常所指的是人间是非、善恶、长短，可以说都是从常识上去认识的，都不过停留在分别的界限而已，小和尚却能从无分别的事物上去体会道的无差别性，所以说：'荣的任它荣，枯的任它枯。'"

无分别而证知的世界，才是实相的世界。而我们所认识的千差万别的外相，都是虚假不实，幻化不真的，甚至我们所妄执的善恶也不是绝对的。好比我们用的拳头无缘无故地打人一拳，这个拳头就是恶的；如果我们好心帮人捶背，这个拳头又变成善的。恶的拳头可以变成善的，可见善恶本身没有自性，事实上拳头本身无所谓善恶，这一切只不过是我们对万法的一种差别与执著。

禅告诉你答案

禅的世界是要我们超出是非、善恶、有无、好坏、枯荣等相对的世界，禅的世界是要我们在生死之外，找寻另一个安身立命的所在。

依报随着正报转

有一位虔诚的佛教居士，每天都从自家的花园里采撷鲜花到寺院供佛。一天，当他正送花到佛殿时，碰巧遇到无德禅师从法堂出来，无德神师非常欣喜地说道："你每天都这么虔诚地来以香花供佛，依经典的记载，常以香花供佛者，来世当得庄严相貌的福报。"

居士非常欢喜地回答道："这是应该的，我每天来寺礼佛时，自觉心灵就像洗涤过似的清凉，但回到家中，心就烦乱了，一个家庭主妇，如何在烦嚣的城市中保持一颗清净纯洁的心呢？"

无德禅师反问道："你以鲜花献佛，相信你对花草总有一些常识，我现在问你，你如何保持花朵的新鲜呢？"

居士答道："保持花朵新鲜的方法，莫过于每天换水，并且于换水时把花梗剪去一截，因花梗的一端在水里容易腐烂，腐烂之后水分不易吸收，就容易凋谢！"

无德禅师道："保持一颗清净纯洁的心，其道理也是一样，我们的生活环境像瓶里的水，我们就是花，唯有不停净化我们的身心，变化我们的气质，并且不断地改掉陋习与缺点，完善自我，才能不断提升自己，实现自我超越。"

居士听后，欢喜作礼，感谢道："谢谢禅师的开导，希望以后有机会亲近禅师，过一段寺院中禅者的生活，享受晨钟暮鼓，菩提梵唱的宁静。”

无德禅师道：“你的呼吸便是梵唱，脉搏动就是钟鼓，身体便是庙宇，两耳就是菩提，无处不是宁静，又何必非要到寺院中生活呢？”

禅告诉你答案

禅法认为：“依报随着正报转”。依报指的是我们生活的环境，正报则是我们的人心，生活环境是随着我们人心的好坏而不断在变化着。只有我们拥有了一颗禅心，就会处处是禅境。

阳光心态

住蘄州浦阳县佐溪山的朗禅师给玄觉禅师写来一信。信中说，他自从到了佐溪山，居住山中，心意泰然。但见青松翠柏，明月自生，名花香果，蜂飞蝶舞，猿啸长吟，美不胜收。每夜锄头当枕，细草为毡；反观世上峥嵘，竞争人我，只觉得安坐山中，心情舒畅极了。

玄觉接信后，给朗禅师回信一封，谈了他对隐居山中的看法。玄觉写道山中郁郁长林，巍巍山峰，鸟兽喧闹，春夏秋冬，花草随之兴衰；晨昏午夜，云气随之变化。这种情况下，如未识道而先居山，则只能是见山而忘其道；相反，如果先识道而后居山，则会是只见道而忘其山。忘山则道性怡神；忘道则山形炫目。因此说，能做到见道忘山，就是处在红尘人间，心中也是寂静安然的；如果是见山忘道者，就是在山中，心也是喧闹不止的。

玄觉还写道：入迷称做失，人悟称做得。得失在于人，与环境的喧闹与安静有什么关系？正如自己不懂得驾船，又怎能去怨河水曲折呢？真正了悟了人生道理。那就能逍遥于山谷，放旷于城镇。身体好像是受拘束的，但内心却是泰然的，肉体生活在人世，而精神则是高超的。

禅告诉你答案

幸福生活的一个关键是拥有阳光的心态。不能改变环境的时候，就学会适应环境；不能改变别人，就改变自己；不能改变自己，就改变对事情的态度。

闲适的心情

一位满脸愁容的生意人来到禅师的面前。

“禅师，我急需您的帮助。虽然我很富有，但人人都对我横眉冷对。生活真像一场充满尔虞我诈的厮杀。”

“那你就停止厮杀呗。”禅师回答他。

生意人对这样的告诫感到无所适从，他带着失望离开了禅师。在接下来的几个月里，他情绪变得糟糕透了，与身边每一个人争吵斗殴，由此结下了不少冤家。一年以后，他变得心力交瘁，再也无力与人一争长短了。

“哎，先生，现在我不想跟人家斗了。但是，生活还是如此沉重——它真是一副重重的担子呀。”

“那你就把担子卸掉呗。”禅师回答。

生意人对这样的回答很气愤，怒气冲冲地走了。在接下来的一年当中，他的生意遭遇了挫折，并最终丧失了所有的家当。妻子带着孩子离他而去，他变得一贫如洗，孤立无援，于是他再一次向这位禅师讨教。

“禅师，我现在已经两手空空，一无所有，生活里只剩下了悲伤。”

“那就不要悲伤呗。”生意人似乎已经预料到会有这样的回答，这一次他既没有失望也没有生气，而是选择待在禅师居住的那个山的一个角落。

有一天，他突然悲从中来，伤心地号啕大哭了起来——几天，几个星期，乃至几个月地流泪。

最后，他的眼泪哭干了。他抬起头，早晨温煦的阳光正普照着大地。他于是又来到了禅师那里。

“禅师，生活到底是什么呢？”

禅师抬头看了看天，微笑着回答道：“一觉醒来又是新的一天，你没看见那每日都照常升起的太阳吗？”

禅告诉你答案

生活不是悠闲的漫步。但是，你可以适当调整自己的心态，以闲适的心情来面对每一天，每一件事。

正确看待自己

有一位国王很喜欢花草树木，一天，国王独自到花园里散步，使他万分诧异的是花园里所有的花草树木都枯萎了，园中一片荒凉。国王很生气，于是国王便到处了解情况，才明白桃树由于没有橡树那么高大挺拔，因此轻生厌世死了；橡树又因自己不能像葡萄那样结许多果子，也死了；葡萄哀叹自己终日匍匐在架上，不能直立，不能像桃树那样开出美丽可爱的花朵，于是也死了；牵牛花也病倒了，因为他叹息自己没有紫丁香那样芬芳；其余的植物也都垂头丧气，没精打采，让国王感到意外的是——只有最细小、最脆弱的心安草依然茂盛地生长着，蓬蓬勃勃，生机盎然，争芳夺艳。

国王蹲下来，轻轻地抚摸着心安草，欣慰地问道：“小小的心安草啊，别的植物全都枯萎了,为什么你这小小草这么勇敢乐观,毫不沮丧?”

心安草微笑着答道:“国王啊,我一点儿也不灰心失望,因为我知道,国王您如果想要一棵橡树,或者一棵松树、一株牵牛花,您只要叫园丁把他们种上、放在温室就行,而我知道,您希望于我的就是要我安心地做小小的心安草。”

国王无语。

禅告诉你答案

其实在现实生活中,有很多时候我们感到不满和失落,也仅仅是因为自己盲目地和别人攀比,觉得别人比自己幸运。所以我们要学学心安草,正确认识和看待自己,相信自己,并在属于自己的领域里努力奋斗,实现自己的人生价值,快乐也就不请自来。

心境最重要

小和尚凡了什么事情都发愁。他之所以忧虑,是因为觉得自己太瘦了;因为他觉得自己现在过的生活不够好;他很担忧他给别人不好的印象;他很担忧,因为他觉得自己得了胃病,他无法读经书……

凡了决定到九华山去旅行,希望换个环境能够对他有所帮助。他上路前,师父交给他一封信并告诉他,等到了九华山之后再打开看。凡了到九华山后觉得比在自己的庙里更难过,因此,他拆开那封信,看看师父写的是什么。

师父在信上写道:“徒儿,你现在离咱们的寺庙300多里,但你并不觉得有什么不一样,对不对? 我知道你不会觉得有什么不同,因为你还带着你的有麻烦的根源——也就是你自己。无论你的身体或是你的精神,都没有什么毛病,因为并不是你所遇到的环境使你受到挫折,而是由于你对各种情况的想象。总之,一个人心里想什么，他就会成为什么样子；当你了解这点以后，就回来吧。因为那样你就医好了。”

师父的信使他非常生气，凡了觉得自己需要的是同情，而不是教训。

当时，他气得马上决定永远不回自己的庙了。那天晚上，经过一座小庙，因为没有别的地方好去，凡了就进去和一位老和尚聊了一个时辰的天。老和尚反复强调的是：“能征服精神的人，强过能攻城占地。”

凡了坐在蒲团上，聆听着老和尚的教诲，听到和他师父同样的想法——这一来就把他脑子里所有的胡思乱想一扫而空了。

凡了觉得自己第一次能够很清楚而理智的思想，并发现自己真的是一个傻瓜——他曾想改变这个世界和全世界所有的人——而唯一真正需要改变的，只是自己的心态。

第二天清早，凡了就收拾行囊回庙去了。

当晚，他就平静而愉快地读起了经书。

禅告诉你答案

我们内心的平静和我们由生活所得到的快乐，并不在于我们在哪里，我们有什么，或者我们是什么人，而只是在于我们的心境如何，与外在的条件没有多少关系。

快乐在心里

一个小和尚在庙里待烦了，总觉得心情烦闷、忧郁，高兴不起来，就去向师父诉说了烦恼。

圆通和尚听了徒弟的抱怨说：“快乐是在心里，不假外求，求即往往不得，转为烦恼。快乐是一种心理状态，内心湛然，则无往而不乐。”

接着，他给徒弟讲了这样一个故事：

某个村落，有个老爷，一年到头的口头禅是“太好了，太好了”。有时一连几天下雨，村民们都为久雨不晴而大发牢骚，他也说：“太好了，这些雨若是在一天内全部下来，岂不泛滥成灾，把村落冲走了？神明特地把雨量分成几天下，这不是值得庆幸的事吗？”

有一次，太好老爷的太太患了重病。村民们以为，这次他不会再说“太好了”吧？于是，都特地去探望老太太。

哪知，一进门，老爷还是连说：“太好了，太好了。”

村民不禁大为光火，问他：“老爷，你未免过分了吧？老太太患了重病，你还口口声声太好了，你到底存的什么心呀？”

老爷说：“哎呀，你们有所不知。我活了这么一大把年纪，始终是老婆照顾我，这次，她患了病，我就有机会好好照顾她了。”

讲完了故事，圆通和尚启发弟子：“生活在世上，能把坏事从另一个角度看成是好事，不是很有启示吗？只要抱着积极乐观的态度，面对一切遭遇，就没有什么摆脱不了的忧郁。”

禅告诉你答案

没有人能够逃脱不幸与不快。世界上不存在极乐天堂，没人能从世俗的烦恼中解脱出来，我们所能做的只能是端正态度，妥当地去应对这些不愉快。

Qiangaoyuan

Qiangaoyuan